RÓMULO E. DURÓN

LA PROVINCIA DE TEGUCIGALPA BAJO EL GOBIERNO DE MALLOL

ERANDIQUE
COLECCIÓN

LA PROVINCIA DE TEGUCIGALPA BAJO EL GOBIERNO DE MALLOL

Rómulo E. Durón
©Editorial Erandique
Supervisión Editorial: Óscar Flores López
Digitalización y levantamiento de textos: Zona Creativa
Diseño de portada: Andrea Rodríguez-Lilyana Gálvez
Administración: Tesla Rodas y Jessica Cordero
Director Ejecutivo: José Azcona Bocock

Instagram: coleccionerandique
Facebook: Colección Erandique

Segunda edición
Mayo de 2024

LA
PROVINCIA DE
TEGUCIGALPA
BAJO EL GOBIERNO DE MALLOL

———

ESTUDIO HISTÓRICO

POR
RÓMULO E. DURÓN

———

1817 – 1821

TEGUCIGALPA
Tipografía Nacional. — Tercera Avenida E. — Núm. 42
ABRIL, 1904

Al Sr. Gral. Dr. D. Dionicio Gutiérrez

Su affmo.,

Rómulo E. Durón

12 de junio de 1904

MALLOL: UNA HUELLA DE PROGRESO Y ORDEN

Este es el título de un interesante volumen escrito por Rómulo E. Durón y publicado en 1904. La obra recoge la historia política y descripción de la región centro sur de Honduras durante el periodo 1817-21, en el que don Narciso Mallol fue Alcalde Mayor (gobernador) de la Provincia de Tegucigalpa. A diferencia de nuestra imagen convencional de la historia colonial, este fue un periodo de efervescencia y progreso considerable.

Un funcionario peninsular de mucha diligencia y capacidad recibió este nombramiento sabiendo que sería la culminación de su carrera, dedicándole toda su energía y capacidad. Aunque tomó posesión estando ya enfermo (requiriendo convalecencias periódicas) y no dedicó esfuerzos a cultivar relaciones con la oligarquía criolla ni popularidad con las masas, logró dejar una huella de progreso y orden.

El estado estaba constituido de una forma semi feudal. Las poblaciones estaban definidas por razas o cultura, y agrupadas como comunidades para tener una representación jurídica. Los indígenas estaban a la base de un sistema de castas desigual e injusto, aunque a inicios del siglo XIX se habían decretado múltiples reformas quitando tributos, obligando a respetar las tierras ejidales y eliminando los castigos físicos.

La obra más visible que dejó fue el puente conocido después como "Mallol". No existe una obra de infraestructura construida en Honduras antes del fragmento del ferrocarril interoceánico (en la década de 1870) de igual magnitud.

La falta de obras similares demuestra el atraso y la marginalidad del país en estos tiempos, y acentúa más el mérito de quienes lo hicieron trascender. El puente se inició en 1817 basado en un estudio ya existente, y "a los tres meses y dos días de haberse echado la primera piedra al cimiento, se concluyeron los ocho bastiones de que el puente se componía" (enero-marzo 1818).

Durante la administración de Mallol, se concluyeron los arcos y se habilitó el paso provisional, pero el río "se llevó el 23 de octubre de 1823, los dos arcos que daban a la parte de Comayagüela, y se emprendió la reconstrucción, cuidando de añadir dos arcos hacia este pueblo".

Financiarlo requirió recursos públicos, donaciones privadas (obtenidas bajo varios niveles de coerción), trabajos forzados de comunidades y de privados de libertad. "Se veían las iniquidades mayores. Un asunto civil se volvía criminal. Se veían hombres con cadenas, con ración y sin sueldo trabajando en la obra, y el que no tenía cadena no tenía ración ni tenía sueldo." La controversia que acompañó al proyecto está bien documentada, lo que refleja una capacidad ejecutiva eficiente y también una comunidad diversa y vibrante.

Importante también fue la labor en educación y organización política. Se abrió de forma permanente la primera escuela de letras de Tegucigalpa y se expandieron las escuelas informales en varias villas y pueblos, con énfasis especial a incluir a la población indígena en la educación primaria. Se constituyó la alcaldía de Comayagüela con su propio cabildo, ya que anteriormente no gozaba de autonomía, y se fortalecieron las autoridades locales en varias regiones.

Durante el periodo revolucionario, la invasión napoleónica y la guerra de independencia española (1789-1815), hubo un deterioro de las condiciones de gobierno en el imperio. Al finalizar, el gobierno tuvo un fuerte impulso para reactivar la producción minera, la introducción de cultivos nuevos, hacer reformas legales y restaurar la administración civil en el territorio con la idea de que se desarrollara como parte del estado español.

La administración colonial, por las dificultades de comunicaciones (podía tomar más de un año que una carta recibiera contestación desde Honduras a España, y 45 días a Guatemala) y el instinto de centralización, no era funcional, por lo que difícilmente se lograría el cometido. Aun la restauración de la constitución de Cádiz en 1820 fue insuficiente para dar una opción funcional de gobierno a tanta distancia, aun sin el ejemplo revolucionario dado en distintas partes del continente.

Un régimen colonial eficiente iba a ser menos tolerado que uno sin exigencias, y no se tenía una cultura de responsabilidad propia que lo supliera.

Políticamente, lo que vino después representó un avance y representaba una lógica conclusión. Pero el conflicto civil, la desaparición de un estado fuerte y la pérdida de funcionarios preparados que mandaba la corona coartó la capacidad de creación y el impulso de crecimiento por mucho tiempo. Mallol murió el 6 de marzo de 1821 y la población no lo lloró, pero su puente sigue con nosotros al igual que su visión de un futuro de progreso.

JOSÉ SIMÓN AZCONA BOCOCK. MARZO 2022

DISPOSICIÓN GUBERNATIVA

Cuando concluí de escribir la presente obra, en julio del año pasado, me dirigí al señor general don Manuel Bonilla, presidente de la República, manifestándole mi deseo de que se imprimiera en la Tipografía Nacional por cuenta de un crédito contra el Estado.

El señor Presidente tuvo la bondad de contestarme que creía útil mi libro y que presentara al Ministerio de Gobernación la solicitud respectiva. Lo hice así, y el señor ministro me dijo que tenía instrucciones del señor presidente para manifestarme que no había necesidad de que yo pagase la impresión. Le ofrecí entonces dejar a beneficio del Gobierno para las oficinas públicas y para canjes el número de ejemplares que él indicase. El señor ministro no aceptó más que 200, como se ve de la nota siguiente:

República de Honduras
Ministerio de Gobernación
Tegucigalpa: 28 de agosto de 1903.

Señor Lic. Don Rómulo E. Durón.

Comayagüela.

En esta fecha se ha ordenado al director de la Tipografía Nacional que, tan luego como lo permitan los trabajos oficiales y los trabajos particulares para los cuales se haya comprometido con autoridad, proceda a imprimir gratuitamente la obra de Ud., intitulada "La Provincia de Tegucigalpa bajo el Gobierno de Mallol".

La edición de dicho libro (que constará de 250 páginas en octavo), será de 1,000 ejemplares, de los cuales el Gobierno se reservará 200.

De Ud. atento S. S.

D. Gutiérrez.

Mi gratitud está comprometida por este acto generoso del Gobierno, y me es satisfactorio hacerla constar aquí.

Tegucigalpa: 30 de marzo de 1904.
RÓMULO E. DURÓN

A la querida y venerada memoria de mis padres

Don Francisco Durón

y

Doña Casimira Gamero de Durón

Rómulo E. Durón.

CAPÍTULO I: PRIMEROS ACTOS—CUENTAS DE COMUNIDADES

SUMARIO: 1. —El licenciado don Narciso Mallol: su carácter; sus propósitos al tomar posesión de la Alcaldía Mayor de Tegucigalpa. 2. —El cuatro por ciento de la fundación de cofradías. 3. —Publicación de la real cédula de 12 de marzo de 1817. 4. —Pretensión de rendición de cuentas de comunidades. 5. —Una consulta anterior de Gutiérrez sobre lo mismo. 6. —Respuestas de la prevención sobre rendición de cuentas. 7. —Orden sobre siembras. 8. —Don Justo José Herrera.

1. — A don Simón Gutiérrez [*], sucedió en la Alcaldía Mayor de la provincia de Tegucigalpa [**] el licenciado don Narciso Mallol, abogado de los Reales Consejos, condecorado con la cruz de distinción de Madrid, a quien nombró el rey por título de 25 de abril de 1816.

Mallol, que desde 1799 había desempeñado empleos en España e Indias, en los cuales había adquirido buena reputación, se hallaba en Quezaltenango sirviendo la Alcaldía Mayor de aquel partido cuando recibió su nuevo nombramiento. Púsose en camino para Tegucigalpa, y tomó posesión de su cargo el 6 de diciembre de 1817.

Dícese que era Mallol de pequeña estatura, delgado, de voz de timbre débil, y enfermizo. Pero en aquella naturaleza había un espíritu vigoroso y emprendedor y una voluntad inquebrantable. Era, por otra parte, orgulloso, seguro como estaba de sus méritos así por sus conocimientos como por los servicios públicos con que había sabido acreditarse. Era también irascible y violento, lo que hizo que cometiera algunos actos impropios de su dignidad como hombre y como funcionario; celoso de sus atribuciones, en las que no consentía intervención extraña en manera alguna, e inflexible en exigir todo el respeto debido a su autoridad y en mantener ilesas sus preeminencias.

---

[*] Gutiérrez también gobernó la provincia de Tegucigalpa, ya obtenida la independencia; véase *Gobernantes de Honduras*, obra del autor de este libro.

[**] Véase el APÉNDICE I.

Este carácter fue causa de que el presidente y capitán general, don José de Bustamante y Guerra, le causara muchos infortunios, aunque este no logró cerrarle el paso en su carrera.

Al establecerse Mallol en Tegucigalpa, formó el plan de no pensar en otro puesto, creyendo que en la Alcaldía Mayor encontraría la recompensa de sus trabajos. Pronto pensó de otro modo, porque mil pesos de sueldo y quinientos más que esperaba reunir con el real de indios y la contribución de cofradías, al entablarla, no eran para subsistir en un pueblo donde todo era caro. Valle [***], siendo fiscal interino, se había opuesto a que se le diera el medio por marco que los mineros cedieron voluntariamente para dotación, y así quedó reducido a 600 pesos un ramo que en primer año le pudo producir dos mil. Por otra parte, el juzgado no producía porque no había escribano, y "el desorden y la haraganería eran sin comparación".

Y tenía que pagar 150 pesos por una casa ruin, 10 pesos de mesada al escribiente, además de la comida, y todo a mayor precio que en la capital, pues costaba medio un pan de los que se daban a tres por medio en Guatemala; la fanega de maíz que allá se pagaba al precio bajo de cuatro pesos y medio, se llegaba a ver a diez y ocho pesos; la de frijol no bajaba de seis pesos en cosecha; y un caballo no se mantenía con real y medio diario, y a este tenor todo.

Aspiro, pues, a la Asesoría que quedó vacante en Guatemala por ascenso de Ibáñez; sin embargo, Mallol no había de pasar a otro puesto y había de quedarse para siempre en Tegucigalpa.

2. — Uno de los primeros actos de Mallol fue el de investigar si se había cobrado el 4% de la fundación de cofradías. El ex alcalde interino Gutiérrez, que todavía se hallaba en Tegucigalpa el 29 de diciembre, le informó que no pudo recaudar en su tiempo ese 4% ni los demás arbitrios que les correspondían por sueldo según el auto acordado de 1802, porque no tuvo noticia de este hasta que se lo mencionó el fiscal en los reclamos sobre aumento de sueldo. Y así, esperaba que Mallol dictase las providencias que le parecieran para realizar este cobro por los dos años que había servido el destino de

---

[***] Fue presidente del triunvirato que gobernó Centroamérica de 1823 a 1825. Elegido en 1834 presidente de la Federación; murió antes de tomar posesión de su alto cargo.

alcalde mayor, y le mandase entregar todo el producido de este arbitrio como cualquiera otra cantidad que le perteneciese.

3. — El 6 de febrero de 1818 mandó Mallol publicar, por bando, en Tegucigalpa y en todas las tenencias del Distrito, la real cédula de 12 de marzo de 1817, por la que se mandó cumplir la de 6 de junio de 1793, que estableció la Junta de Represalias para conocer de la restitución de las propiedades secuestradas a los franceses no domiciliados en España y de los negocios relativos a la ejecución del artículo 1º adicional del tratado de París de 20 de julio de 1814. La cédula del 6 de junio de 1793 se refería a las propiedades secuestradas a los ingleses.

Las publicaciones tenían que hacerse por bando, pues aún no había imprenta en Honduras.

4. — La Audiencia ordenó el 9 de enero la rendición de cuentas de comunidades de indios por todos los intendentes y alcaldes mayores que no lo habían verificado. La Contaduría de Propios transcribió el auto a Mallol y le prevenía que lo ejecutara por lo correspondiente al partido de Tegucigalpa desde la separación de la Intendencia de Comayagua hasta el año de 1816.

Mallol, aunque no estaba en posición de evacuar todos los puntos de su cargo por el estado en que se hallaba la Alcaldía y por la atención que reclamaba la tranquilidad pública, trató de reunir antecedentes, y no encontró ningunos relativos a aquella época.

Pero, por los conocimientos que había tomado con motivo de los pagos que empezaban a hacer los pueblos, veía que generalmente no habían pagado éstos desde el año de 1811 hasta el de 1815, ambos inclusive, porque los que debieron recaudar el impuesto no lo hicieron. Habían dejado de cobrarlo, desde el primer alcalde mayor don Juan Francisco Márquez, que entró en enero de 1812, hasta don Simón Gutiérrez que, habiéndose posesionado en diciembre ele 1815, parecíale debió recaudar también lo respectivo al citado último año.

Veía Mallol que la Audiencia había concedido esperas a varios pueblos con conocimiento del atraso indicado, que provenía de morosidad o mala inteligencia de los recaudadores; y que, respecto a la concedida al pueblo de Langue, daba facultad al alcalde mayor para procurar que se hicieran los pagos a plazo.

Esperaba, pues, que se le dijera si debía proceder a estrechar a la rendición de cuentas a todos los recaudadores comprendidos en la época aludida.

5. — Ya Gutiérrez había hecho una consulta sobre la dificultad para la recaudación de las cantidades que adeudaban los pueblos de Tegucigalpa, pertenecientes a los cuatro años que duró la exención de tributos, conforme se había prevenido en auto de 19 de febrero de 1816. Era difícil practicarla por la desconfianza que tenían los indios en orden a la inversión que se daba a estos caudales, por no haberse encontrado sino una existencia muy corta en sus cajuelas, al necesitarse de ellos para la peste de viruelas. Propuso que las cajas de comunidad de Tegucigalpa, que habían residido hasta entonces en Comayagua, se trasladaran a aquella villa, por estar el partido separado de la Intendencia, dándose las llaves de dichas cajas a las personas señaladas por la ley. Y manifestó últimamente que los indios conocidos por naboríos no se habían tenido por contribuyentes a este ramo, y debían quedar libres de la contribución.

Se le había contestado que hiciera entender a los indios que, no habiéndoseles dispensado de la contribución de comunidad, debían reponer al ramo lo que habían dejado de pagar en los cuatro años indicados; que la contribución tenía siempre una inversión legítima y benéfica a los mismos indios, y que si últimamente no se encontró una considerable existencia, fue por los crecidos desembolsos que se habían hecho de los fondos comunes de la Intendencia de Comayagua a que estaba unidos los de Tegucigalpa, desembolsos motivados por ocurrencias extraordinarias, como lo fueron los 13,811 pesos, 1 ¼ rs. que se consolidaron desde el año de 1805 hasta el año de 1808; los 13,700 pesos que tocaron a Comayagua en los donados a S. M. por el señor fiscal don José Yáñez en 16 de noviembre de 1808; los 3,378 pesos 6 rs., extraídos por el tesorero fugo don José María Domínguez, y los 2,500 con que se habilitó al diputado en Cortés para su viaje a España; componiendo todas estas partidas la cantidad de 33,389 pesos 7 ¼ rs. No eran de esperarse en lo sucesivo gastos de esta especie, y así las sumas que enterasen por la contribución serían a beneficio de los naturales. El alcalde debía procurar, por los medios más prudentes y suaves, efectuar los cobros, valiéndose de la persuasión y del ascendiente de los curas sobre los indios, y concediéndoles a estos esperas y plazos. [*]

La traslación de las cajuelas era precedente por estar la provincia de Tegucigalpa separada de la de Comayagua, y el ramo debía administrarse con arreglo al método prevenido en el artículo 44 de la Ordenanza de Intendentes. Y en cuanto a los naboríos, esta clase debía quedar libre de contribución como lo había estado hasta la fecha, por ser así la práctica general en todo el reino.

Se añadía que en todo el tiempo corrido desde que Gutiérrez tomó posesión hasta que la diera al propietario, debía ser a su cargo el cobro de comunidad, bajo la responsabilidad de las leyes y del auto de 19 de febrero de 1816; y en cuanto al tiempo anterior, debían responder los antecesores a Gutiérrez, porque si en la extinción de tributos no fue comprendido el de comunidad, no debieron suspender su exacción; y si la abandonaron, su omisión debía hacerlos responsables, pues la ley 32, título 4º, libro 6º, de la Recopilación de Indias, decía:

"Los gobernadores y corregidores, cada uno en su distrito y tiempo, han de tener a su cargo las cobranzas enteramente, y lo que dejaren de cobrar ha de ser por su cuenta y riesgo, y de su salario".

6. — Con presencia de lo anterior, que se le transcribió a Mallol, debía este exigir cuentas de los respectivos tiempos a los que sirvieron la Alcaldía Mayor; y por auto de 26 de marzo mandó cumplir lo resuelto por la Audiencia.

Todos dieron razones excusándose.

El padre cura de Ojojona, don Mariano Castejón, albacea del padre cura don Juan Francisco Márquez y de su hermano don Manuel, dijo que el padre Márquez obtuvo el empleo de alcalde mayor, en comisión, en tiempos en que algunos pueblos se hallaban conmovidos, con el objeto de que procurara y sostuviera la tranquilidad; y, dadas las circunstancias, pudo estimar uno de los medios el de no exigir imperiosamente el cobro de comunidades, lo que cooperaría al rezago de que se le hacía responsable. Por otra parte, no recibió estipendio ni salario alguno, y esto le descargaba conforme

---

[*] El auto de 19 de febrero de 1816 declaraba a favor de los alcaldes el 1 ½ % de las cantidades que cobrasen de comunidad.

a la ley 32 que citaba el fiscal; por lo que pedía se le declarara libre del cargo y se procediera al cobro por los medios suaves aconsejados, uno de los cuales podía ser aumentar una corta cantidad cada año a los pueblos. Lo mismo indicó respecto a don José Manuel Márquez, quien ejerció el empleo accidentalmente como alcalde 1° unos pocos días que comprendían al expresado cura.

Don Pablo Borjas dijo que, por enfermedad del cura Márquez, sirvió la alcaldía como quince días y no tenía que ver con cuentas de comunidad.

Don Manuel Antonio Vásquez manifestó que, desde el día 12 de enero, a las cinco y media de la tarde, del año de 1815, en que falleció el padre cura don Juan Francisco Márquez, encargado interinamente de la Alcaldía Mayor, como regidor más antiguo .y por enfermedad del alcalde 1°, depositó el Ayuntamiento en el la vara de alcalde mayor provisionalmente, conforme a la Ley de Indias y a la cédula municipal del año de 1768, en que se erigió Tegucigalpa en real villa, entre tanto resolvía el Superior Gobierno del reino. Este aprobó lo hecho. En este mismo tiempo se realizaron las elecciones de Ayuntamiento, conforme lo estaban en 1808, a virtud de real cédula del rey Fernando VII, y recayó la de alcalde 1° en don Joaquín Espinosa, quien quedó encargado de la Alcaldía Mayor. De modo que Vásquez sólo estuvo un mes y tres días, y en este tiempo no se pagaban tributos ni tampoco vino pueblo alguno a pagar ramo de comunidades. Y por otra parte, nada podía él saber del estado de estos ramos porque todos los papeles del Archivo y demás que estaban a cargo del padre Márquez, estaban encerrados por su fallecimiento.

Don Joaquín Espinosa dijo que el 15 de febrero de 1815 salió electo alcalde de primer voto, y por muerte de Márquez se hizo cargo de la Alcaldía Mayor; pero que en los papeles que recibió no había no había órdenes o instrucciones para cobro de comunidades, ni tampoco Márquez entabló en tres años este cobro. Juzgó, pues, que no era de su responsabilidad cobrar, y aparecería del libro que no había cobrado.

Y don Simón Gutiérrez, en nota de 21 de abril, dirigida de San Salvador, manifestó: que el año de 1815 no era de su responsabilidad, porque tomó posesión en diciembre del mismo año y no halló entablado el cobro de comunidad, ni debió exigirle hasta el año primero de su mando, que fue el de 1816, por falta de órdenes instrucción de su antecesor don Joaquín Espinosa, que se hallaba en Comayagua a su ingreso, y no regresó hasta algunos meses después. Además, sobrevino inmediatamente la epidemia de viruelas, y la escasez de víveres con que halló amenazados estos pueblos, lo que le hizo trabajar muchísimo todo el citado año y dio motivo a sus representaciones resistiendo cargos de tiempo que no le correspondían, según se deducía del pedimento fiscal, de que resultó la espera concedida a varios pueblos que se dirigieron a la Audiencia en fuerza de haberlos él estrechado al pago de los años rezagados de 1811 a 1815, inclusive, y facultad al alcalde mayor para darla a los demás que se hallaran en igual caso, que eran todos por haber sido general el perjuicio que sufrieron con la peste y hambre indicadas. La recaudación de 1816 fue hecha puntualmente, y Gutiérrez entregó a Mallol, con asistencia de las justicias respectivas, el líquido total importe con las cajuelas en que se guardaba este fondo.

7. — La ley 31, título 4º, libro 6º, de la Recop. de Indias, prevenía que los indios sembraran de maíz diez brazas de tierra al año, con destino al fondo de comunidad. El Real Acuerdo, por auto de 5 de octubre de 1785, había recomendado que no solo se hiciesen siembras de maíz, sino también de otros frutos más estimables y menos expuestos a corrupción, singularmente en la costa sur, por la mucha abundancia de maíz que se cogía en ella y lo pronto que llegaba a picarse. De las siembras se debía dar anualmente un conocimiento a la Superioridad.

Mallol, fundándose en tales disposiciones y además en que la escasez en la provincia había hecho ascender a veinticuatro pesos el precio de la fanega de maíz, ordenó el 10 de marzo de 1818 a los tenientes de los partidos, que por bando hicieran entender a los habitantes de su jurisdicción que debían ejecutar el mayor número de siembras. Los comunes de los pueblos y reducciones formarían por triplicado lista de las que se ejecutaran, de todas clases de frutos; un tanto sería para ellos, otro para el teniente y otro para el alcalde mayor. Este inspeccionaría las plantaciones en la visita que haría próximamente. Todos los individuos, cualquiera que fuese su clase, deberían tener ocupación legítima y se podría tener por vago y mal entretenido a todo labrador, desde la clase de mero jornalero que no llenara su objeto en lo posible. Sobre esto se seguiría información para aplicar las penas.

Esta orden de Mallol, que comprende más de lo prevenido en la ley y auto citados, responde a un sistema económico protector. Este sistema es defectuoso indudablemente, pero en épocas como aquella y otras semejantes y para pueblos donde la presión de la necesidad no es suficientemente fuerte para obligar a la producción sin más estímulo que la iniciativa individual por el deseo de la riqueza, produce más bienes que males, y poco a poco va preparando una situación económica mejor, propicia para el advenimiento de la libertad en la producción. [*]

8. — Mientras Mallol atendía así a los asuntos de interés público, se presentó ante él Domingo García, vecino de Yusguare, quejándose de don Justo José Herrera [**], teniente de alcalde mayor del partido de Choluteca. Mallol le dio providencia para que don Manuel Francisco Fiallos le administrara justicia. Herrera, al saberlo, se sintió lastimado en su honor, porque consideraba injusta la queja, y dirigió al alcalde mayor, el 10 de abril, una exposición en que manifestó que desde año y medio atrás desempeñaba la tenencia y en ella no había tenido más mira que cumplir con sus deberes, procurando conservar la paz entre aquellos habitantes a quienes había servido con el mayor desinterés, cediendo sus derechos y gastando de su peculio. Concluía pidiendo que se le exonerase de la tenencia, pues la había servido solo por acreditar su obediencia, y en año y medio ya estaba bastantemente comprobada. La queja de García no tuvo resultado, y Mallol no aceptó la dimisión de Herrera.

---

[*] Don Braulio Carrillo, presidente de Costa Rica, estableció en aquella República el trabajo obligatorio, y a esto debe aquel país su actual prosperidad y riqueza. Cuando Morazán derogó las leyes de Carrillo, ya estaba logrado el objeto de ellas.

[**] Fue jefe del Estado de 1837 a 1838; véase *Gobernantes de Honduras*.

CAPÍTULO II: CONSTRUCCIÓN DEL PUENTE DE TEGUCIGALPA

SUMARIO: 1. —Don Pedro Mártir de Zelaya trata de la construcción del puente de Tegucigalpa. 2. —Cálculo del gobernador Anguiano. 3. —Don Antonio Norberto Serrano Polo. 4. —Exposición. Terremoto de 1809. 5. —El alcalde interino señor Gutiérrez. 6. —Crecientes de los ríos. 7. —Mallol principia la obra. 8. —Los indios de Comayagüela. 9. —Publicación de la real cédula que declara abolidos los privilegios de la Factoría de Tabacos de la Habana.

1. — Don Pedro Mártir de Zelaya, regidor perpetuo de Tegucigalpa desde 1768 [(*)], en que se confirmó a esta población la erección en Real Villa, que era hermano del presbítero don José Simón de Zelaya, promotor y favorecedor de la edificación de la iglesia parroquial, y que en 1789 era subdelegado de la Intendencia de Comayagua, a la que el año precedente se había anexado la Alcaldía Mayor, fue el primero en tratar de la construcción de un puente que uniese a Tegucigalpa con Comayagüela. En su tiempo se recogieron para el objeto diez y seis mil pesos de donativos, pero no se hizo nada.

2. — Posteriormente, siendo gobernador de la provincia de Comayagua el coronel de ingenieros, don Ramón de Anguiano, se volvió a tratar de la obra, y dicho funcionario calculó que no se invertirían en ella menos de treinta y seis mil pesos.

3. — En 1806 era gobernador interino de Honduras don Antonio Norberto Serrano Polo, que fue oidor de la Real Audiencia de Guatemala, y promovió el pensamiento de construir el puente, pero no había arquitecto, y sobre todo no había fondos.

4. — El Ayuntamiento de Tegucigalpa, unido al subdelegado de Real Hacienda, don Antonio Tranquilino de la Rosa, dirigió el 9 de julio de 1808 al presidente y capitán general, don Antonio González Saravia, una exposición en que repetía su solicitud sobre el

---

[(*)] Véase el APÉNDICE IX, N° II.

restablecimiento de la Alcaldía Mayor. Decía también que don José Tomás de Zelaya, provisto fiscal de la Audiencia de Cuba, de viaje para la Habana, se hallaba demorado en Tegucigalpa por la enfermedad de una niña hija suya. Pensaba embarcarse en Trujillo, pero le avisaron de este puerto lo mismo que de la Habana: que no podría verificarlo por falta de buque si no era en ocho o diez meses y le sería preciso detenerse en el punto de embarque, con grave peligro de su salud y la de su familia. Podía entonces esperar mejor en Tegucigalpa, y así se podrían aprovechar sus conocimientos para que trazase las primeras líneas del nuevo gobierno separado de la Intendencia, y en el plan que formara se comprendería, como una de las principales operaciones, la construcción de un puente en el río que divide la villa del pueblo de Comayagüela, cuyo costo calculaban en ocho o diez mil pesos y para el cual podía contarse con la contribución que ofrecían los vecinos, con tres mil pesos que aprontaba la casa del subdelegado y con lo que los individuos del Ayuntamiento darían proporcionalmente.

La exposición no dio resultado. Esto, no obstante, en 1809 se mantenía viva la idea de la obra, pero se pensó ya que el puente no se podría construir de arcos o *arquería* como lo expresa el memorial respectivo, porque en ese año hubo en Tegucigalpa un terremoto que derribó los arcos de algunas iglesias.

5. — En 1816, el alcalde mayor interino, don Simón Gutiérrez, se empeñó en que se había de construir el puente, y el Ayuntamiento de Tegucigalpa, formado por los concejales Martín, Travieso, Vijil, Vásquez, Urmeneta y Alcántara, le dirigió un escrito sobre el asunto, diciéndole, entre otras cosas, con qué cantidades podría contarse, por suscripción, para la obra [*]. Luego el Ayuntamiento, de acuerdo con Gutiérrez, pidió a la Real Junta Superior de Hacienda permiso para fabricar la obra sobre el río Grande, y acompañó el diseño que don José María Rojas, que no tenía título de ingeniero pero poseía conocimientos en Ingeniería, había levantado al efecto en el mismo año.

La Junta pasó la solicitud a informe del teniente coronel e ingeniero don Juan Bautista Jáuregui, quien lo dio el 9 de noviembre

---

[*] Véase el APÉNDICE II.

de 1816, rectificando el plano de Roja. El 13 acordó la Junta aprobar el plano subrogado por el ingeniero Jáuregui en lugar del remitido de Tegucigalpa, y lo envió a Gutiérrez. Este lo recibió el 13 de diciembre, y dejando testimonio en su despacho, mandó el original al Ayuntamiento.

A solicitud de estas autoridades, la Real Audiencia permitió, por auto de 3 de enero de 1817, tomar de los 1,500 pesos producidos de los árbitros impuestos en el ganado, cacao y panelas que había depositados en el Receptor de alcabalas de Tegucigalpa, la cantidad de 500 pesos para su inversión en el puente, sin perjuicio de que más tarde se pudiera otorgar más cantidad para la obra.

El 23 de junio, el capitán general Bustamante y Guerra, escribió al alcalde mayor, previniendo que a vuelta de correo se le informara del estado y progresos del puente proyectado y aprobado.

Gutiérrez el 15 de julio dio cuenta al Ayuntamiento y a los contribuyentes de lo mandado por el Superior. En la junta convinieron y acordaron que, en consideración al menor gasto que había que hacer en el encuentro de los ríos Chiquito y Grande, por menos extensión de la playa, y por haber allí una galera a que ya se habían acarreado materiales de piedra y arena, se hiciese en aquel lugar el puente. Dirigirá la obra, sujeto al Ayuntamiento, don José María Rojas, y se procuraría reunir los demás materiales, y que en noviembre del mismo año estuviese en Tegucigalpa el albañil pedido a Guatemala. Debía Urmeneta recaudar las suscripciones. Por repique de campanas se convidaría los días festivos, a la hora que la lluvia lo permitiera, para entradas y acarreo de materiales. El Ordinario eclesiástico había concedido licencia para que se pudiera trabajar medio día en la obra, en los días de precepto.

6. — El 31 de octubre, después de ocho días de temporal, fue desde las tres de la tarde un solo aguacero hasta como a las cuatro de la mañana. Crecieron los ríos como no habían crecido desde 1762 y 1774. El río Grande se llevó de Comayagüela la galera, parte de la piedra y arena acopiadas en ella, dos árboles grandes antiquísimos que desarraigó de la orilla y muchos otros pequeños, algunas milpas y la hamaca de alfagías de madera de mora, de cables de mezcal y de

gonces de hierro gruesos, por donde se pasaba de Comayagüela a Tegucigalpa, y que estaba a bastante altura. (**)

Reconocieron los daños de la creciente don Ignacio Gómez y Midence, alcalde de la Santa Hermandad y los peritos don Juan José Durón y don Juan Antonio Pagoaga. Estos informaron, además de lo dicho, que en el lado de Tegucigalpa se desmoronó la parte del barranco, sentándose el cerro, desde la hamaca para arriba, se descarrió y lavó el borde de la poza del Tabacal; y los dos puntos señalados de uno a otro lado en el encuentro del río Chiquito y río Grande, que eran los mismos del plano que se levantó y mandó a Guatemala, estaban intactos, no habían sufrido avería, aunque las aguas subieron mucho.

Tal paso era el más angosto y no podía pensarse en otro porque, aunque estaba el del Carrizal, tenía este el inconveniente de estar el río Chiquito y el *bracito del río Grande* (*) de por medio y distante de Tegucigalpa. Las cales no sufrieron por estar bien guardadas en la Villa y en Comayagüela.

Dieron este informe el 4 de noviembre.

A don Manuel Antonio Vásquez, regidor perpetuo más antiguo por S. M. y alcalde ordinario de 2° voto en depósito, dijo don José María Rojas, en oficio del 5 de noviembre, que no habría que variar el punto que para el puente se había señalado por el acta de 15 de julio, porque el plano que se levantó fue para el mismo lugar, aunque lo adicionó Jáuregui. Según este diseño, con las ocho varas tenía el puente mucha más altura a los ojos y machones que la que el río había alcanzado en la última creciente. Y esta serviría de lección para precaver reparos al tiempo de la construcción de la obra.

(**) El presbítero Dr. Don Antonio R. Vallejo dice que el cura don Francisco Pineda contribuyó a que se realizase el proyecto de construir el puente, y añade que mandó colocar provisionalmente en el paso del río una hamaca para evitar que se ahogaran las personas que traían niños a bautizar en la estación de las lluvias, desgracias que eran muy frecuentes en aquel tiempo. — *Historia Social y Política de Honduras*, pág. 103.

(*) Muchos decían, años después, que el *bracito* era obra artificial de los constructores del puente para disminuir la fuerza de las aguas. Los documentos dicen la verdad. El *bracito* ya no existe y la isla que formaba es hoy el titulado Campo de Marte, aunque sigue llamándose La Isla, como recuerdo.

Para dar principio a los trabajos, solo se esperaba la salida del invierno que, por haber sido tan abundante, no había permitido continuar el acopio de materiales. Se había comenzado a labrar la piedra para las puntas de diamante y se suspendió la labor porque la impericia de los canteros hizo que una sola piedra tuviese el costo de nueve pesos.

A no haber sido las lluvias, se habría adelantado mucho, no obstante la desavenencia de unos pocos vecinos, entre ellos don Antonio Tranquilino de la Rosa, que discordaban en la elección del punto señalado para la construcción del puente y que hubieran deseado se escogiese la dirección de la poza del Tabacal, en lo que andaban verdaderamente equivocados porque en el sitio designado, y según el plano de Jáuregui, costaría la obra mucho menos de la mitad de lo que se había calculado, y más tarde (12 de noviembre de 1851), hubo un hundimiento que cegó la poza del Tabacal y redujo a escombros las casas de la orilla.

7. — Mallol, pues, al tomar posesión de la Alcaldía, encontró todo listo para dar principio a la construcción de la obra. Los trabajos empezaron en enero de 1818; y a los tres meses y dos días de haberse echado la primera piedra al cimiento, se concluyeron los ocho bastiones de que el puente se componía. Sobre ellos se colocó un paso de madera de más de ochenta varas con buenos pasamanos, que aseguraba el tránsito del río.

Habían sido extraordinarios los esfuerzos de los vecinos de la villa de Tegucigalpa y reproducciones inmediatas, concurriendo al acarreo de piedras y cales, a proporcionar la madera sin costo alguno, y por su parte los carpinteros a hacer el trabajo sin más costo que la comida diaria y veinte pesos que se les dieron de gratificación. Los gurruguses de San Salvador [**] se ofrecieron voluntariamente a abrir un hoyo y en iguales términos abrieron dos, los más penosos, los mineros y gurruguses de Santa Lucía, el uno de balde y el otro por un concierto muy corto. El celo de los partidos se había manifestado igualmente, pues atendiendo las circulares del alcalde mayor, estaban contribuyendo con donativos voluntarios, cuyo monto se calculaba llegaría a dos mil pesos. Las próximas aguas impedirían continuar los

---

[**] Mineral próximo a Suyapa.

25

arcos, pero se había dado principio a los preparativos para labrar en aquel invierno cien mil ladrillos o los más que fueran necesarios, ajustados al precio de siete pesos millar, de tamaño mayor al corriente, como la requería la calidad de la obra. Esta seguiría a fines de octubre, y Mallol esperaban tenerla concluida en febrero o marzo del año siguiente.

8. — Pero con los trabajos del puente, sufrieron los indios de *Nuestra Señora de la Concepción de Comayagüela*, y elevaron a O'Horan, fiscal protector, una queja sobre la cual este solicitó que la Real Audiencia pidiese informe. En esa queja aparecen graves acusaciones.

Quejábanse los indios del triste y lamentable estado en que se hallaban de parte del alcalde mayor y demás ministros de justicia, como los españoles de la Villa, con el trabajo del puente. Se hallaban a punto de abandonar sus familias e irse a otras partes a causa de las tropelías de que eran objeto. A más de haberles hecho trabajar en el puente por espacio de siete semanas, le habían quitado a cada hijo del pueblo un *deadós* de su trabajo semanario.

El 28 de enero habían traído piedra de La Pedrera hasta ponerla en la obra. En seguida hicieron otra entrada, sacando cascajo de laja y piedra de los cimientos del puente, y en tercera vez hicieron otra entrada el día en que se empezaron a llenar los cimientos. Luego el alcalde mayor y el alcalde 1°, don Manuel Antonio Vásquez y Rivera, los obligaron a hacer la cuarta y quinta entrada en la trozada del río. En el primer día fueron 50 hombres; en el segundo, 53; en el tercero, 82; en el cuarto, 47; y en el quinto, 37. Se les tenía sin ración y sin suelo y "sin ningún agrado ni un rasgo de política". Cuando los llegaron a agradar fue con siete botellas de aguardiente que, en vez de traerles beneficio, les perjudicaron, pues llevados del trago hubo algunos que se *machucaron* los pies y las manos, unos con varas y otros con piedras y no quedaron para volver otro día.

Se veían las iniquidades mayores. Un asunto civil se volvía criminal. Se veían hombres con cadenas, con ración y sin sueldo trabajando en la obra, y el que no tenía cadena no tenía ración ni tenía sueldo. Esto acontecía solo a los pobres; pero no a los *señores* por estar exentos de todo delito, pues aunque los cometían no se les castigaba y faltaba tiempo para apoyarles sus maldades.

En el espacio de tres meses habían experimentado con el alcalde, licenciado Mallol, lo que no experimentaron en dos años con el alcalde mayor, don Simón Gutiérrez, quien los vio como hijos. En el día no veían ni hallaban ningún amparo en ninguno de sus jueces.

Se les había vuelto a establecer el repartimiento. Les decía el alcalde mayor que habían de dar repartimiento de *tapianes* y *tesinas* a las obras públicas y a las haciendas. Este abuso se les había evitado antes, porque no tenían tiempo para cultivar sus milpas y para sostener sus familias. Se les estaba pidiendo la cuarta muy recrecida, y servían al alcalde mayor hasta de balde.

Los hijos del pueblo habían sido insultados por don Ignacio Gómez y Midence. Este era un hombre que había cometido delitos, tenía un carácter violento y vivía en concubinato público con María Francisca Bustillo. Por esta concubina, entre él y sus hermanos amarraron a Basilio Calona y lo azotaron con tal violencia con las riendas de un freno y con el freno mismo, dándole por el cuerpo y la cabeza, que lo dejaron por muerto. Fue preciso darle los sacramentos para que le pusiera mano el cirujano don Manuel del Sol, de la ciudad de León. Gómez fue puesto en prisión por el alcalde 2º, don Severino Retes; pagó algunos reales por los azotes y además treinta pesos por la curación; se le dio soltura a los veintidós días, y no se dictó contra él ninguna sentencia, de lo cual quedó gloriándose. Y así había de suceder porque era español.

El 26 de febrero, estando Gómez de sobrestante en la obra del puente, les dijo a los hijos del pueblo: "Hombres, dense priesa, es mucho trabajo *liriar* con sujetos como ustedes; vale más lirirar con bratos de la sabana y no con ustedes; mejor diera yo diez pesos por la semana que me toca por no liriar con semejantes brutos".

Entonces Luciano López, uno de los hijos del pueblo, dijo a sus compañeros: "Hombres, que le andan aguantado a ese... ¿no ven cómo los trata? Como brutos de la sabana". Gómez replicó: "Ah, indio Luciano, indio altanero, ¡que te andas entrometiendo! ¿A que te doy?" Decía esto enojadísimo, con una piedra en la mano para aventársela. Luciano dijo: "Tírela y aguárdela".

Don Ignacio tuvo bien a botar la piedra, y subirse por la escalera donde estaban trabajando, y dijo estas palabras: "¿Qué pensáis, indio embustero, que a mí me espantáis, cuando yo soy un hombre que ni aun con el arado en la mano, ni con hacha, ni con machete, ni con ningún trabajo a mí me asustan? ¡Me habías de asustar vos, indio embustero, cuando no sos capaz de aguantarme! ¡Si te cojo entre mis manos, a pescozones o apuñaladas te había de acabar!" [(*)]. Y después de este insulto, Gómez fue a quejarse a su modo al alcalde mayor, en presencia de los alcaldes ordinarios, don Manuel Antonio Vásquez y Rivera, don José Vijil y don Mariano Urmeneta.

Con esto, solo el alcalde mayor tuvo a bien pasar al trabajo del puente. Llevó a Luciano López a empujones hasta ponerlo en la plaza pública, y si que estuviera justificado el delito ni tomar declaración a quienes pudieran haberla dado, valido de su autoridad y del falso informe de Gómez, hizo que le aplicaran a Luciano, allí en la plaza, cuarenta y un azotes. De esto no se dio noticia a las justicias del pueblo ni se les dio a conocer la causa porque se castigaba al indio, y eso que se hallaban inmediatos a la Villa, no habiendo más que el río de por medio. Con lo que el alcalde mayor y el alcalde 1°, don Manuel Antonio Vásquez y Rivera contravinieron a las leyes del católico rey Felipe V y otras majestades que encargaban que vieran a sus vasallos, que tanto estimaban, que ni se castigaran fuera de sus pueblos ni se les quitara mal quitado un maravedí ni se acostumbrara el abuso.

Luciano, que era pobre, había sufrido la violencia de la autoridad. Después de los azotes lo pusieron preso en las reales cárceles, y a poco lo sacaron de la prisión y lo pusieron al trabajo del puente. Al otro día cayó muy enfermo, con un dolor *cruzado* que se infiere fue de la azotada, de donde resultó el no volver al trabajo. El mismo día, a las cinco de la tarde, pasó al pueblo de Comayagüela el alcalde mayor a casa del alcalde 1°, y preguntó por qué no había ido Luciano a trabajar, y respondieron que estaba enfermo. A esto dijo el alcalde mayor que *si estaba muy malo él le daría el santo óleo*.

El pueblo de Comayagüela pidió después al alcalde de 2ª nominación, don José Vijil, por tres veces, la información de testigos bajo juramento para comprobar su exposición, y se la negó diciendo que "ahí la daría cuando él quisiera".

La Audiencia ordenó a Mallol que enviase informe sobre la queja de los indios. Mallol se limitó a remitir la información seguida por el alcalde Vásquez respecto al incidente entre Gómez y López. En esa información, que se siguió después de azotado el último, aparece confirmado el hecho, y consta, además, que los indios de Comayagüela, al saber la prisión de Luciano, fueron a pedir en tumulto su libertad, y para evitar un desorden fue preciso tratarlos con moderación y por medios suaves hasta disolver el grupo.

La queja solo dio resultado en cuanto a uno de sus puntos: la Audiencia dirigió a Mallol una real provisión en que le repitió la que prohibía a los indios el servicio personal.

9. — Por este tiempo recibió Mallol la real cédula de 23 de julio de 1817, por la que el rey se sirvió abolir los privilegios concedidos a la Factoría de Tabacos de la Habana, reducir sus atribuciones y permitir el libre cultivo, elaboración, venta y extracción de dicho artículo en la isla de Cuba. Mallol la hizo publicar por bando el 20 de mayo para su observancia.

CAPÍTULO III: MINAS Y REPARTIMIENTOS

1. — Bajo el gobierno de Mallol, la producción de las minas fue en aumento.

Pero los alcaldes y demás común de indios del pueblo de Ojojona hicieron una representación a la Real Audiencia, relativa a que no se les mandara de repartimiento al trabajo de los minerales de don Francisco Gardela y de don Antonio Tranquilino de la Rosa, por las vejaciones que allí sufrían.

La mina de Gardela distaba tres días de camino, por lo cual experimentaban graves perjuicios en sus sementeras.

Dicha mina y la de don Antonio Rosa podían habilitarse con la gente de los pueblos más inmediatos a ellas, que lo eran Yuscarán, Cedros, Cantarranas, Orica, Texíguat, Danlí y Tegucigalpa.

2. — El fiscal protector, O'Horan, dio su dictamen sobre la representación de los indios el 18 de abril. Como el alcalde mayor en su informe manifestaba ser cierta la exposición del pueblo de Ojojona, y que los mineros Rosa y Gardela resistían la gente de los pueblos mencionados por ser insubordinada y porque era antigua la posesión en que habían estado, a virtud de despachos librados a su favor, de servirse de la gente de Ojojona en sus minas, dijo que no había razón para que este pueblo, por obediente y dócil, se hiciera de peor condición, y que aquellos, por insubordinados, lograran una excepción contra la ley.

El alcalde mayor debía emplear a este respecto su celo todo para reducir a la debida obediencia a los pueblos referidos, a fin de que se prestaran con puntualidad a los mandamientos de ambas minas, cuidando de que los dueños de ellas tampoco faltaran, por su parte, al pronto pago del jornal acostumbrado, verificándolo en dinero, tabla y mano propia, con los días de ida y vuelta.

De este modo se consultaba el beneficio de todos y el común de Ojojona, que hasta ahora había llevado el peso de aquel repartimiento en los minerales de Yuscarán y Cedros, quedaría exonerado, por la mayor distancia que mediaba y en capacidad de poder ir de mandamiento, como lo habían manifestado de llano, a los otros minerales más inmediatos.

El asesor general, Dr. Ibáñez, con fecha 24 de abril, opinó lo mismo, explicando en cuanto al pago que debían contarse los días de ida y vuelta y las leguas que debían componer un día.

Y el presidente y superintendente general resolvió de conformidad en auto de la fecha últimamente citada.

3. — Mallol, en cumplimiento de este auto, proveyó el 8 de mayo, haciendo saber a Rosa y a Gardela que, desde el turno que correspondería al venidero mes de julio, sacarían sus repartimientos Gardela para Cedros del pueblo de Comayagüela, que era el más inmediato, y Rosa para Yuscarán del pueblo de Texíguat, por la misma razón, para lo cual debían manifestar la gente que necesitaran.

Don Antonio Tranquilino de la Rosa dijo que, por el despacho del Excmo. señor gobernador y capitán general del reino, que exhibió ante el alcalde mayor, le estaba particularmente destinada la cuarta de operarios del pueblo de Santa Ana, muy inmediato al propio pueblo y dentro del mismo curato. Del mismo Superior Gobierno había obtenido otra provisión, mandando al gobernador intendente de Comayagua, cuando Tegucigalpa estaba anexada, que con generalidad auxiliase los otros minerales que trabajaba. Con este motivo y con el de que no era nuevo el turnar a Yuscarán los indios de Santa Ana y el de la grandísima urgencia o ruina que ya amenazaba su mina de Yuscarán, suplicó al alcalde mayor mandase destinar a ella nada más que doce hombres de esta cuarta, que efectivamente acudieron por dos turnos de a cuatro semanas cada uno, pero habiendo faltado desde entonces sin volver a relevar a igual número de los texíguats que hicieron el tercer turno, experimentó atrasos y pérdidas de mucha consideración que en aquel mineral eran notorias. Cuando Rosa pidió los doce *santanas* hizo presente que, saliendo del apuro indicado de su mina de Guayabillas de Yuscarán, tenía necesidad de ocupar, como ocupó siempre que estuvieron corrientes o sin la suspensión que hubo de los repartimientos, los veintinueve operarios de la cuarta de Santa Ana en su mineral de Guasucarán, para donde suplicaba el alcalde mayor mandar extenderle el mandamiento del caso; quedando entendido de que para la mina de Guayabillas se le franquearía del pueblo de Texíguat y pediría los indios que necesitase.

Don Ramón Xatruch pidió la misma cuarta de Santa Ana, indicando que Rosa podía destinar a su mina de Guasucarán el pueblo de Ojojona, que empleaba en Santa Lucía, cubriendo este punto con los indios de Comayagüela.

4. — Del año de 1813 al de 1817, don Ramón Xatruch había beneficiado en la Casa de Rescates 273 barras de plata, de las que 248 eran de fuego y 25 de azogue, con peso todas de 34,746 marcos que, por su ley, valían 303,907 pesos, un real y tres cuartillos.

Don Antonio Tranquilino de la Rosa había beneficiado en el mismo tiempo 33 barras; 13 de fuego y 20 de azogue, que pesaban 3,731 marcos, 7 onzas, 4 ochavas, y valían 32,421 pesos 3 ¾ rs., con peso de 45 marcos, 4 onzas, 2 ochavas, y valor de 4,392 pesos 6 ¼ rs.

Y don Francisco Gardela, dos barras de fuego con 208 marcos, 4 onzas, que importaban 1,807 pesos 4 ¼ rs. [*]

En los libros de la Administración de Rescates no se hizo mención especial de la procedencia de estos minerales, indicando el producto de las minas ni el nombre de estas.

Con vista de estos datos, el alcalde mayor, por auto de 1° de julio y sin perjuicio de lo que prevenía el título 1°, libro 6° de la Recopilación de Indias, por lo que cada minero acredito que producían sus minas, mandó asignar a don Antonio Tranquilino de la Rosa y a don Ramón Xatruch, por iguales partes, los pueblos de Ojojona y Santa Ana para el servicio de las minas de Guasucarán y San Antonio que respectivamente poseían; y al mismo Rosa y a don Francisco Gardela el pueblo de Comayagüela para las minas de Santa Lucía y Cedros, como más inmediatos.

La Administración de Rescates debía cuidar de que las introducciones de plata se hicieran con expresión de su procedencia,

---

[*] Véase el APÉNDICE n° III.

para que se pudiera saber el estado de laboreo de cada mina. En ello deberían también tener cuidado los claveros.

5. — Las disposiciones de Mallol sobre repartimientos habían desagradado a don Antonio Tranquilino de la Rosa. Por esto se hallaban sin aplicación completa los indios de Santa Ana y Ojojona. Mallol entonces, atendiendo a que la cuarta de ambos pueblos era casi igual, a que Rosa podía usar de los de Ojojona, de los de Reitoca que le estaban asignados desde el 16 de marzo último y de otros pueblos que había vacantes y en mejor proporción de emplearse en las minas de Guasucarán y Santa Lucía por la inmediación que no los de Santa Ana, y a que particularmente se le tenía pedido el pueblo de Santa Ana para la mina de San Antonio, asignó dicho pueblo para esta mina, propia de don Ramón Xatruch y de don Esteban Guardiola, por auto del 22 de julio. El piso debía pagarse conforme a lo mandado por la Real Audiencia, computándose las leguas de ida y vuelta, y por cada seis un día de jornal. Rosa protestó contra esta providencia.

6. — El desagrado de Rosa contra el alcalde mayor llegó más tarde a tal punto, que le presentó un escrito en que le dirigió injurias e insultos calumniosos.

Mallol, por comunicación del 2 de septiembre, puso esto en conocimiento de la Superioridad, explicando todos los antecedentes.

En cumplimiento de una providencia del Superior Gobierno, de 24 de abril último, había hecho repartimiento de los pueblos de indios al servicio de las minas, procurando conciliar el auxilio que debía prestar a los mineros con el buen trato que debía darse a los indios.

El pueblo de Texíguat representó que, estando ahogada y peligrosa la mina de Rosa, llamada Guayabillas, en Yuscarán, exponían sus vidas los que trabajaban en ella de repartimiento. Mallol mandó que se reconociese por peritos la mina, y que si resultaba cierta la exposición, se suspendiese el repartimiento, continuando sin réplica ninguna no habiendo peligro.

El pueblo de Santa Ana representó contra el peligro que corría el repartimiento en los trabajos de la mina de Guasucarán, por lo arruinada que se hallaba, por los malos tratamientos que sufrían los indios y por la falta de pago del piso por su ida y vuelta del pueblo a la mina. Mallol, con audiencia de Rosa, mandó reconocer la mina e instruir justificación, aunque era la voz pública que las antiquísimas minas de Rosa estaban casi ahogadas, y habían manifestado los indios, a presencia de un administrador de Rosa y también del escribano de la Alcaldía, que este hombre prepotente, valido de la autoridad que había ejercido como subdelegado o teniente, los había oprimido a fuerza de azote y de cepo. Sus minas habían sido un legítimo presidio donde se destinaba al inocente indio, sin más delito que el de su calidad. Los indios recordaron los antecedentes de esto, que constataban en causa seguida en la Intendencia de Comayagua, en que actuó el propio escribano actual de la Alcaldía, en tiempo del interino gobernador, don Eusebio Silva, cuyo resultado fue funesto para la casa de Rosa, pues llegó a haber por ello prisión, costas y multa.

Rosa pidió que se practicase una justificación de las máquinas y utensilios de su mina de Guasucarán y otros puntos exteriores de ella, que en nada tocaban a lo interior ni influían en la seguridad de las vidas de los indios ni en el pago justo de su trabajo ni en el tratamiento que debía dárseles con arreglo a las leyes. Mallol cometió la información al teniente de Ojojona. En el expediente, Rosa presentó un escrito que contiene proposiciones que suponen despojo de los repartimientos que él mismo, según confesión, había despedido por su voluntad; y en el mismo escrito recusó al teniente. Se le sorprendió por sus falsas proposiciones y se le previno entablar en forma la recusación. Esta providencia motivó los insultos e injurias de que el alcalde mayor se quejaba.

Mallol dictó un auto de carácter general, mandado a la Escribanía y Oficiales no admitir a los litigantes contestaciones en el acto de la notificación, por ser en perjuicio del ramo del papel sellado y del buen orden de los juicios. De este auto, conforme a la práctica general y a las leyes de la materia, solo Rosa se sintió agraviado e interpuso apelación; pero no la llevó adelante porque no era otro su objeto que el de chocar abiertamente con la autoridad de la Provincia.

En el expediente de demanda de Rosa contra los bienes de Alejandro Irías, que se siguió en tiempo de Gutiérrez, se libró ejecución contra Rosa por las costas que siempre tienen lugar preferente como alimentos. Este se había obligado a pagarlas del valor de la hacienda que se le adjudicó en pago o a buena cuenta de la cantidad que demandó.

Y finalmente, Rosa reclamó que se le dejara el cobro de hospedaje a los vivanderos que ocupaban los portales de su casa en la plaza, cobro que interrumpió Rosa por medio de un mayordomo de Propios, su criado, contra la posesión que tenía el Cabildo, en cuyo poder se hallaban las diligencias.

Por todo esto, don Antonio Tranquilino de la Rosa, en su escrito, hablaba de *Persecución del Alcalde Mayor* y que lo satirizaba con las expresiones de que él no había cursado *las aulas*, ni pisado *las puertas de los senados*, con la voz *preocupación*, con la expresión de *niño* de genio *vividor*, de hombre de *menos mérito* que él, *amigo de solicitar distinciones y destinos*, y con las de *escándalo, crítica, murmuración* y desprecio de toda la Villa.

Rosa mandó leer su escrito injurioso en la concurrencia de la tienda pública de su sobrino político don José Serra, comprendido en los movimientos de 1811, en que aquel perdió sus prestigios por sus procedimientos. También dirigió copia al teniente de Ojojona, y lo hizo leer, además, en la casa de don Severino Retes, a presencia del reverendo padre guardián de San Francisco, Fr. Buenaventura Martín, fuera de que, ya antes de presentar el escrito, lo tenía anunciado.

Rosa daba por principio de la persecución que suponía, el haberse opuesto a que el alcalde mayor gravara a los mineros con exacciones indebidas. Por parte del alcalde no hubo más exacción que la intentada de medio real semanario por cada indio de labor que daba a las minas, fundado en el auto acordado de 18 de febrero de 1802; pero esta exacción, en el primer momento de su entable, la entorpeció Rosa, mandando no pagarla, despóticamente, y la suspendió el alcalde mayor sin que hubiera cobrado un medio real, dando cuenta al Superior Gobierno, como resultaba en el expediente sobre dotación de su destino.

El *pecado original* de Mallol, para atraer sobre sí la indignación de Rosa, venía de antes. El alcalde mayor, contra la oposición que Rosa, solo y único, hizo para que no pudiese tener efecto la obra del puente, fijó la época de llevarla a cabo, como lo verificó a costa de penalidades, dando por estable el punto aprobado por la Superioridad y por los capitulares y vecinos contribuyentes. El alcalde mayor se gloriaba de ser el ejecutor de una obra que haría raya principal entre las de este continente, y que tenía ya en el mejor estado a pesar de todas las oposiciones. Estas provenían de Rosa, sus pocos allegados, parientes y otros que contribuían alguna vez indirectamente por efecto de ignorancia. Veía ya Rosa el momento en que se iba a concluir la obra si se cerraba con arcos en el próximo verano; advertía frustrados todos sus arbitrios "pecaminosos" si así se verificaba; veía burladas sus esperanzas con el buen ensaye que había dado el presente invierno y no le quedaba ya más que aspirar a destruir la cabeza que dirigía estas operaciones para poder sembrar la confusión y discordia en la Villa.

Este era el origen primario de los procedimientos de Rosa; y el segundo que "no le quedaba ya arbitrio más que para llorar" porque se había acabado su poder, se había acabado la autoridad con que había avasallado a sus súbditos, y no tenía modo cómo poder hacer andar leguas a los indios por dos o tres reales para que se ocuparan en el servicio de sus minas y haciendas, trabajando en ellas a la voz, látigo y voluntad de un severo cómitre, revestido del poder que la autoridad daba a Rosa, pero que este depositaba completamente en los que le servían para sus fines.

No trataba el alcalde mayor de acusar procedimientos escandalosos de Rosa, que tenían principio de muchos años oprimiendo a los pueblos vecinos a sus minas y exigiendo de todo este vecindario un casi vasallaje que tuvo tan malos resultados en el año de 1811. Él debía haber reprimido por sí la osadía de un díscolo por el medio que le suministraba la misa ley y en ejercicio de sus más propias facultades, pero había tenido presentes los pasados movimientos populares contra Rosa y había querido dar una prueba irrefragable de su moderación.

El alcalde mayor esperaba que la Audiencia desplegara el lleno de su poder en desagravio de la ofensa cometida contra el carácter de un jefe y juez principal de Provincia, a fin de que no tuvieran que llegar al trono las quejas de los ofendidos.

Podía el alcalde probar su recto modo de obrar con atestados del padre cura y de las dos comunidades religiosas que había en la Villa, que se le habían ofrecido, pero creía bastante lo manifestado en favor de su rectitud.

7. — En otra exposición posterior, Mallol manifiesta a la Audiencia que Rosa había observado procedimientos conformes a la sumisión y respeto que los súbditos debían guardar con los superiores, especialmente en los últimos momentos. Lo que hace ver que había cesado o se había moderado la animosidad que había entre los dos.

CAPÍTULO IV: COFRADÍAS

SUMARIO: 1. — Mallol pide conocimiento del número de cofradías. 2. — Informes de los curas de Guascorán, Nacaome y Aguatequerique, curatos comprendidos en la tenencia de Nacaome.

1. — Con vista de la Real cédula de 1801, relativa a otra igual de 1784 y de lo acordado por la Audiencia en 29 de abril de 1802, Mallol ordenó el 20 de mayo de 1818 a los tenientes de los partidos que, dentro de treinta días, le dieron cuenta, con la debida separación y claridad y distinción de curatos, del número de cofradías y obras pías que había en cada uno, del orden y método de su creación, si se hallaban confirmadas por S. M. con arreglo a la ley, qué personas las representaban, si eran mayordomos o cofrades, por quiénes y en qué términos se hacía la elección de estos y por cuánto tiempo, en qué fincas o bienes consistían dichas cofradías, qué gastos tenían anualmente en sufragios y culto según su erección, y en que poder y con qué seguridad se hallaban los fondos.

Para el mejor desempeño de la orden, les dirigió una pauta a la que debían ceñirse.

2. — Los tenientes pidieron informes a los curas.

El cura de Guascorán, don José Antonio Castejón, envió el 15 de julio un detalle cuyo resumen es este: cofradías 8; importe de los principales, 2,561 pesos 3 rs.; importe de los aumentos, 282 pesos 5 rs.; ganado, 800 pesos; obvenciones y gastos, 438 pesos. Estas cofradías eran las existentes, fuera de los principales introducidos en consolidación, y no tenían confirmación del rey. Las representaban los mayordomos y cofrades. De los réditos y limosnas se celebraban las funciones de su culto. Las elecciones canónicas se hacían cada año, y asistiendo a ellas el cura que las presidía y el juez real, se elegían nuevos mayordomos y estos afianzaban la cantidad que se les daba al rédito.

El cura de Nacaome, don Silvestre Tomé, dio su informe el 16 de julio. Las dos únicas iglesias del curato no contaban con más fondo para celebrar sus funciones que 4,768 pesos y tres cuartillos de real que tenía la parroquia en las cajas de Comayagua, de sus cofradías, que se consolidaron, pagando el rédito de cinco por ciento. La iglesia de Nacaome tenía de sus cofradías consolidadas en las mismas cajas y términos 3,060 pesos 2 reales, con cuyos réditos se celebraban las misas mesales de sus respectivos santos, semana santa, corpus y finados, y los días principales y aniversarios de cada uno de ellos, etc., apenas sobraba del rédito para algunos reparos indispensables de las imágenes.

La iglesia filial tenía, además, 600 pesos largos en poder de vecinos hombres de bien, la mayor parte asegurados y mil pesos perdidos, o por lo menos 500. De los otros no se sabía el paradero; de estas cantidades, 200 pesos creían los que los tenían, tenerlos en depósito y los demás a rédito, el que quedaba en los inquilinos: así se habían criado estos 400 pesos, porque el principal fue de mucho menos.

Como el curato solo tenía iglesias provisionales, se habían hecho elecciones con asistencia del teniente y del cura, con el fin de que, cuando se echara mano de estos dineros para la reedificación de sus iglesias, hubiera limosnas y para que no caerá del todo el culto: se habían elegido diputados que pidieran limosnas y mayordomos que tomaran cuentas a estos y cooperaran a ayudar en las funciones.

Parecía que había otros dineros de cofradías, pero se necesitaba tiempo para su desenredo.

No debían suponerse fondos en aquellas iglesias, porque se trataba de reedificarlas con los que ahora tenían y prepararlas de utensilios precisos de que carecían. Y aún había que acudir a la piedad de los fieles para que ayudaran, por ser los fondos insuficientes.

El cura de Aguanqueterique, don José Joaquín de Alvarado, envió el 30 de julio su detalle. Comprendía el curato de Aguanqueterique con dos cofradías; Lauterique con una; Curarén con cinco; Alubarén con dos, y Reitoca con una. Dinero, 6,684 pesos; ganado vacuno, 854 pesos; bestias caballares, 108 pesos; bestias mulares, 29 pesos. Gastos, 255 pesos 4 rs. De los 6,684 pesos, solo había 1,700 que estaban al rédito en el ramo de tabaco de Comayagua, al cuatro por ciento. Lo demás en poder de los pueblos, todo perdido hacía muchos años. Esto constaba en los libros, pero no conocía fincas con que estuvieran asegurados. La cofradía de Animas, de Aguanqueterique, por orden del obispo don Manuel Julián Rodríguez de Almazán, estaba encargada a un mulato para que cuidara de su aumento. El cura, por doce misas mensuales, las funciones de finados y el lunes santo, debía conformarse con los 24 pesos de rédito de los 600 que estaban en las reales cajas de Comayagua. Ninguna cofradía estaba confirmada; se formaron sus constituciones por el Ordinario y a instancias del cura. En los 255 pesos 4 rs. de gastos se incluían 42.2 de contribución de colegio y como 21 de pan y vino, los que Alvarado, desde su ingreso, había aplicado a las mayores urgencias de las iglesias, tomando del fondo de fábrica impuesto por él y nunca acostumbrado en el curato todo lo necesario para la oblata.

El cura actual y sus antecesores clérigos no habían tenido mando ni autoridad alguna en las haciendas. Ellos hacían y extendían las cuentas por costumbre y mero cumplimiento, y mientras exhortaban a no acabar con los bienes, los indios y cofrades eran absolutos árbitros para extraer, vender y disponer de todo.

Los libros daban a conocer lo rico de aquellas iglesias, la abundancia de ganado vacuno y mular, las considerables cantidades de dinero que había; pero entonces gobernaban los frailes, y estos custodiaban los fierros y asistían a las vaquerías, que se hacían a su vista. Por otra parte, nada se extraía ni se vendía sino con su licencia, y solo para lo necesario.

El cura concluía su informe con un párrafo cruel y violento, de lenguaje crudo y vulgar, en que echa de menos, como si fuera un paraíso perdido, la época de los frailes y el régimen férreo a que estaban sometidos los infelices indios, y aconseja que se procure su restablecimiento. Apenas puede creerse que un ministro de Jesucristo haya tenido un alma tan dura como la que revelan sus frases y haya pensado en un régimen opuesto a las sublimes enseñanzas del Evangelio.

He aquí el párrafo:

"En conclusión y hablando claro, como acostumbro, bramaba el cuero; estaban sembradas en aquellos floridos tiempos picotas ya en las haciendas, ya en la casa del alcalde indio; no reinaba más que la sumisión, el amor de sus iglesias y el temor a la frecuente *penca*. Las autoridades estaban unidas; no atendían a las quejas y fraudes de los indios; se atendían los curas, y he aquí mucho dinero, ninguna miseria, mucho culto al Señor, nada de altanería; todo paz, todo felicidad. Se suspendió el cuero, se empezó a atender esta canalla: pobreza y disensiones, y todo perdido. Entáblese el cuero, cese tanta bondad, aplíquese como cáustico activo a la enfermedad, casi insufrible a los hombres de honor, de la pobreza, la penca, penca y más penca, que en la experiencia me promete feliz abundancia y sumisión".

3. — Con los datos expuestos, correspondientes a la tenencia de Nacaome, se puede considerar cuántos fondos había en la jurisdicción de la provincia de Tegucigalpa, suponiendo a todas las tenencias igual cifra, e inducir el estado de la riqueza. Teniendo Nacaome 20,247 pesos y siendo diez los partidos [*] o tenencias, había en la Provincia más de 200,000 pesos en cofradías. Y ya se ha visto que este dinero no estaba dedicado solo a devociones, pues tenía el impuesto de 4% de fundación y de él se tomaba la contribución de colegio.

A las obras pías de entonces, han sucedido hoy las fundaciones de beneficencia.

---

[*] Ojojona, Nacaome, Choluteca, Texíguat, San Antonio, Danlí, Cantarranas, Yuscarán, Cedros y Tegucigalpa.

CAPÍTULO V: CULTIVO DE LA GRANA Y OTROS ASUNTOS

SUMARIO: 1. — Real orden sobre el cultivo de la grana. 2. — Bando de buen gobierno. 3. — Pago de sínodos a los conquistadores de Tonjagua y de Luquigüe: consulta.

1. — El ministro del Supremo Consejo de Indias, don José Aycinena, hizo presente el rey, por iniciativa de la Sociedad Económica de Guatemala, el adelantamiento progresivo del cultivo y cosecha de la grana y la necesidad de auxiliar con fondos a los que se dedicaban a tan penosa como interesante industria.

Resolvió el rey que el presidente y capitán general de Guatemala, como su inmediato representante en esta Provincia, dispensara a la nueva industria todo el lleno de su soberana protección, auxiliando el plantío de nopales, la crianza de la cochinilla y el cultivo y cosecha de la grana, en la inteligencia de que estos adelantamientos se le reputarían por verdaderos méritos y servicios. Debería dar a los pueblos para las siembras las cantidades necesarias de los fondos de comunidad de indios, con intervención de la Sociedad y de los alcaldes mayores. Se haría esto con calidad de reintegro de los productos de la grana, y sin perjuicio de las demás atenciones de dichos caudales.

La real orden en que esto se dispuso es de 17 de enero de 1818, y Mallol mandó publicarla por bando el 16 de junio. En ella se exhortaba al arzobispo y reverendos obispos de Comayagua. León de Nicaragua y Ciudad Real de Chiapas, para que encargaran en sus diócesis a los párrocos ejercitar su celo paternal en animar a sus feligreses a este cultivo. Se declaraba el artículo libre de diezmo, alcabala, consulado y de todo otro derecho, como fruto nuevo en el reino.

Mallol pidió instrucciones y semillas a la Intendencia de San Salvador y al Gobierno e Intendencia de Comayagua. Tinoco le contestó el 4 de julio que, desde varios días atrás, estaba en solicitud de los nopales legítimos, pues también a él se le mandaba procurar su nuevo plantío, pero no los había conseguido, por lo que no le remitía simiente. Esperaba que Mallol se la suministrase si la conseguía primero.

Ello es que la grana se cultivó en las provincias del reino, y que fue artículo que produjo buenos rendimientos. Don José Cecilio del Valle escribió un folleto intitulado *Instrucción sobre el cultivo y beneficio de la grana,* que fue de gran utilidad para los productores. Hoy la grana no es negocio. El hermoso color que da puede obtenerse fácilmente con productos químicos más baratos que ella. No hace muchos años que se empleaba la grana en Honduras para dar color a las *mixtelas,* a las *aguas de canela* y a ciertos *dulces secos y confituras.* Hoy se la sustituye con anilina.

2. — Era costumbre entonces, como ahora, en Tegucigalpa y demás poblaciones de la Provincia, dejar vagar por las calles perros y cerdos. Como no había reglamento de policía, la autoridad procuraba el aseo y la seguridad, por bandos de buen gobierno.

Mallol hizo publicar uno de estos bandos el 10 de junio. En él prevenía que todo el que tuviera la necesidad de crear o conservar perros, grandes o pequeños, los mantuviera con cadena o atados de otro modo en su casa, y en el caso de tenerlos sueltos, les pusiera un frenillo seguro, en términos de que no pudieran hacer daño o morder. Se mataría el perro que se encontrara en las calles sin frenillo, y el que resultase ser su dueño, pagaría dos pesos de multa, que se aplicarían al sustento de los reos de la cárcel.

El que criara cerdos debería tenerlos enchiquerados o atados. El cerdo que se encontrara en las calles se mataría, y sus carnes se aplicarían también a los reos.

Este bando no dio el resultado que se esperaba, y fue necesario repetirlo el 28 de febrero de 1819, sin resultado tampoco, pues la costumbre de dejar vagar dichos animales por las calles ha llegado hasta nuestros días Pero al tomar nota de esta providencia del alcalde mayor, no se puede menos que reconocer que responde mejor a los fines de policía que lo que previene el Reglamento del Ramo, dictado el 28 de febrero de 1888, por el presidente de Honduras, general don Luis Bográn, reglamento que en su artículo 181 dice: "Los agentes de policía matarán los perros que vaguen por las calles, con veneno o de cualquiera otra manera, salvo que estos lleven al cuello un colla asegurado con una chapa de cobre o de hierro. Estos collares serán entregados por el alcalde al dueño del perro que haya pagado el impuesto fijado de antemano por la Municipalidad".

Tal matrícula podrá servir para exigir del dueño del animal el pago de los daños que este cause; también servirá para el aumento de los fondos municipales; pero, para los fines de policía, que son más bien preventivos que represivos, es realmente inútil, y no cabe duda de que la medida del alcalde mayor llena mejor el objeto, ya que con ella se impide del todo el daño que pudiera causarse.

3. — En estos días, Mallol recibió orden del presidente y capitán general del reino, de pagar los sínodos asignados a los conquistadores de Tonjagua. Mallol el 3 de julio escribió a los ministros generales de Real Hacienda, manifestándoles que había dado obedecimiento a la orden, siguiendo la regla de que, bajo una igual, se estaban pagando por la Alcaldía Mayor de Tegucigalpa o Tesorería Foránea los sínodos a los P. P. Recoletos por la conquista de Luquigüe. No estaban estas dos órdenes intervenidas por el Tribunal de Cuentas; pero como al tiempo de ajustársele a Mallol la cuenta de la anterior alcaldía, en tiempo de don Francisco Argüello, se le puso reparo en los enteros que hizo en Quezaltenango para las atenciones de la raya de México, por faltar dicho requisito a la orden superior, lo ponía en noticia de ellos para que se sirvieran prevenirle si debía reclamar la intervención indicada a tales órdenes o darles, sin embargo, cabal cumplimiento.

El resultado de esta gestión debió verse en el juicio de residencia respetivo, y este no tuvo lugar por el advenimiento de la independencia.

CAPÍTULO VI: CONTINUACIÓN DEL PUENTE

SUMARIO: 1. — Estado de la obra. 2. — Jugadores de dado. 3. — Acuerdos para continuar los trabajos del puente. 4. — Informe al presidente y capitán general Urrutia. 5. — Modificaciones en la construcción de la obra. 6. — Nuevo acuerdo del Ayuntamiento.

1. — Muy satisfecho se mostraba Mallol del estado en que se hallaba la construcción del puente; y así, en 5 de agosto de 1818, escribía a Guatemala que, sin inteligentes ni prácticos y sin máquinas con qué agotar los golpes de agua, había dejado en tres meses y días sacados los cimientos de los siete arcos, levantado los bastiones y puesto un paso provisional de madera. La obra había resistido a las mayores y más repetidas crecientes que se habían visto. Lo había hecho todo con poco más de 2,000 pesos, valiéndose de arbitrios. Había procurado donativos para cubrir esta cantidad, y esperaba tener la satisfacción de ver concluido el puente en aquel verano, con ocho arcos que se iban a construir sobre los pilastrones. Este puente sería el primero del reino, según el plano y la opinión del ingeniero Jáuregui, y daría ser a la Provincia y a todo el comercio interior y exterior de ella.

2. — El 11 de agosto, como a las siete de la noche, Mallol recibió informe de que en la casa de Carlos Francisco Torres estaban en actual juego prohibido varios individuos que solían ir allí a jugar. Mallol se constituyó en dicha casa, acompañado de varios comisarios. La puerta estaba entreabierta y había luz en el interior. Dio la voz de la justicia, y a esto se apagó la luz y empezaron a salir varios bultos; él los contuvo con el sable, y pidió luz de fuera. Encontró a Torres y a Remigio Ponce en camisa y calzoncillos, y a José Secundino Bustillos, Toribio Ponce, Pedro José Pavón, Anselmo Santelices, Jerónimo Artola y Basilio Lanza. Los reconvino sobre lo que hacían, y contestaron que jugaban al dado, pero este no se encontró. De dinero solo se halló real y medio.

Mallol los mandó a la cárcel, y el 13 los condenó así: a Torres, coime, dueño de la casa, a tres meses de servicio en la obra del puente; a Basilio Lanza, a dos meses y a sacar piedra para la misma obra, con grillete, o diez pesos en dinero a beneficio de ella; y a Bustillos, los dos Ponces, Pavón, Santelices y Artola, a un mes de sacar piedra para la misma obra, con un grillete, o cinco pesos en dinero. Algunos pagaron la multa.

Mallol, pues, preparaba la continuación del puente, poniendo a su servicio las faltas de policía.

3. — El 27 de agosto, el Ayuntamiento de Tegucigalpa celebró sesión, que presidio el alcalde mayor. En ella se acordó, para continuar los trabajos luego que cesaran las aguas, consultar al coronel de ingenieros Jáuregui si convendría echarle dos cadenas a la obra del puente, una arriba y otra abajo, de tres varas de anchura cada una, las dos varas interiores y la otra vara exterior, o una cadena sola que abrazara todo lo interior de la obra. Se hizo esta consulta, a causa de que las repetidas crecientes del año habían hecho excavaciones en los costados, como de vara y media de profundidad, poco más o menos, aunque sin daño de los cimientos.

También se tomaron otros acuerdos.

Se admitió a trabajar en la obra al albañil de Danlí Diego Monroy, de cuya habilidad y pericia Mallol dio buenos informes. Trabajaría con el mismo estipendio que Juan Benito Quiñónez y en unión de este, a cuyo cargo habían estado los trabajos desde el principio.

Se mandó entregar al obligado a dar los ladrillos 150 pesos más, a cuenta de la contrata.

Se dispuso consultar además, al ingeniero, si convendría levantar una vara o más el machón o bastión último, primero del lado de Comayagüela, y en proporción los demás, sin tocar le primero pegado a la Villa; tanto porque la creciente última del año anterior subió como una vara más del nivel dado, cuanto por el hueco que ocupaban los pilastrones y el nuevo suelo más elevado que podían formar las corrientes.

Y finalmente se acordó: hacer concierto sobre las puntas de piedra que faltaban, según costaron las que se hicieron de cuenta de la obra por el maestro Miguel Rafael Valladares para que estuvieran prontas; que se empezara a sacar piedra, destinando cinco operarios y un barretero, a los que se les pondría un sobrestante de los del presidio, al cargo de Domingo Matute que cuidaría, dando sus vueltas, tanto de que se trabajara como de la asistencia de los operarios, de los hierros y demás, dándole a este dos reales diarios, sin comida; y que se acopiaran desde luego quince fanegas de frijol, y a su tiempo, cuarenta de maíz, corriendo con este encargo don Pablo Borjas, a quien se le suministraría el dinero necesario y poniéndolo en casa de don Manuel Antonio Vásquez.

4. — El 5 de octubre escribía Mallol al presidente y capitán general, don Carlos de Urrutia [*], que, al tomar posesión de su destino, se hallaba la fábrica del puente en proyecto, con fondos tan escasos, que no hubieran bastado para sacarla de cimientos a la superficie de la tierra; y que por todos los medios se esforzó en reunir algunas cantidades entre los vecinos que las habían ofrecido voluntariamente, alcanzando del Supremo Tribunal de la Real Audiencia del reino que se señalaran para la obra mil quinientos pesos del ramo de Propios sobre los quinientos que tenía asignados de arbitrios; sumas con las cuales había logrado poner el puente en estado de servicio con un piso de madera sobre los pilastrones, como atrás queda dicho.

5. — A fines de noviembre, Mallol hizo un viaje al partido de Cedros. Enfermó allá, y por ello se demoró en aquella población más de lo que hubiera querido. A su regreso a Tegucigalpa el 18 de diciembre, encontró que se habían hecho trabajos en la obra del puente contra lo que estaba resuelto. Se habían descalzado los arcos, porque la clase del carril del río pidió de necesidad elevar los machones para evitar que el choque de las aguas tocase en los frentes de los arcos, y dando a estos todo el punto resultaba el inconveniente de una extremada elevación, muy expuesta al movimiento de los temblores y contraria a la economía de la obra, pues sus escasos fondos debían sufrir el mayor gasto que causaría el chaflán extendiéndolo suavemente más de cincuenta varas a distancia de la margen del río, del lado de Comayagüela.

Mallol convocó a sesión al Ayuntamiento y citó para que comparecieran a ella al director de la obra don José María Rojas y a los maestros Miguel Rafael Valladares y Diego Monroy. La sesión se celebró por la tarde, a la salida de los trabajos, y se tuvo a la vista el

---

[*] D. Carlos de Urrutia Montoya Matos había sucedido a Bustamante el 28 de marzo de 1818.

acta del 2 de diciembre, en que se acordaron las modificaciones. Se insistió en que estas convenían, y Mallol concluyó por aprobar lo

hecho, habiendo mandado que se diera cuenta a la Superioridad para la aprobación respectiva.

6. — Pero el 21 de diciembre, Mallol hizo presente al Ayuntamiento que, habiendo bajado a reconocer la obra del puente en cuanto su indisposición se lo permitió, había advertido que todavía daba lugar para continuarla según el plano aprobado, formándose desde luego los seis arcos que faltaban, de punto entero, y tomándose el declive de la calzada de la parte de Comayagüela desde el sexto, pasando sobre el séptimo en los términos que estaba construido; con lo que se lograría continuar la obra conforme al plano mandado observar, que quedase el declive a la altura de la citada calzada en la misma proporción que la de dicho plano, y sobre todo proceder ejecutando lo que estaba aprobado por la Superioridad, sin que por esto pudiera haber reconvención; consiguiéndose además que no desfalleciera el espíritu público que podría formar algún recelo si se siguiera trabajando conforme a un plan no aprobado, mientras la Superioridad no contestara a la consulta que se le había hecho por el correo último.

Se conferenció sobre el particular, después de haberse tirado las líneas y no habiendo embarazo en ejecutar la obra en los términos indicados por Mallol, por ser con arreglo al plano aprobado, se acordó que así se verificara y se diese cuenta a la Audiencia por el próximo correo.

CAPÍTULO VII: REFORMAS EN LAS TENENCIAS

SUMARIO: 1. — Movimientos en favor de la independencia. 2. — Reformas propuestas en el servicio de las tenencias.

1. — Desde principios del siglo XIX empezaron a sentirse en América las agitaciones precursoras de la emancipación de las colonias de España. El ejemplo de las colonias de Inglaterra que, con el nombre de "Estados Unidos de América", proclamaron su independencia el 4 de julio de 1776; la revolución francesa que, en medio de la mayor conflagración social y política que los siglos han visto, proclamó los derechos del hombre; y el heroísmo del pueblo español lanzando del trono, con altivez y fiereza, al monarca que le impuso el guerrero invencible que tenía postrada de admiración y estupor a la Europa entera, habían llegado a conmover las sociedades hispanoamericanas y a difundir en ellas ideas de libertad que debían dar por fruto la creación de nuevas naciones.

Los esfuerzos de Miranda primero, el grito de independencia dado casi simultáneamente en 1810 en México, en Caracas y en Buenos Aires no habían de ser perdidos. La revolución americana comenzó, y había de concluir con la emancipación del continente.

Los movimientos revolucionarios en Nueva España y en la América del Sur tuvieron inmediata resonancia en la América Central, llamada entonces reino de Guatemala. Delgado, Aguilar, Rodríguez y Arce dieron en San Salvador el primer paso en favor de la independencia el 5 de noviembre de 1811, y a ese movimiento siguieron los de León, del 13 y 26 de diciembre, y de Granada, del 22 de este mismo mes. Pronto estuvo todo concluido, es verdad, a favor de las autoridades coloniales; pero la revolución acabaría por hacer su obra.

Las causas de los sucesos de 1811 no eran desconocidas en la provincia de Tegucigalpa, y en ella también hicieron sentir su influencia. Los españoles de la Villa trataron de impedir los progresos de las ideas revolucionarias, y al efecto, como uno de los medios eficaces con que por el momento contaban, dispusieron perpetuar en las alcaldías a don José Serra, don Juan Judas Salavarría y don José

Iribarren. Pero el 1° de enero de 1812, a las ocho de la mañana, el barrio de La Plazuela, el de San Sebastián, el de Comayagüela y la reducción de Jacaleapa, en número de más de cien hombres, armados de palos y machetes, se presentaron en la plaza de Tegucigalpa a impedir que Serra y Salavarría tomaran posesión de sus destinos. Terminó el conflicto por la intervención del padre cura don Juan Francisco Márquez quien, constituido en el Cabildo, persuadió el Ayuntamiento de que los ánimos se serenarían con el solo depósito de las varas. Las alcaldías quedaron depositadas en don José Manuel Márquez, don Joaquín Espinosa y don Miguel Eusebio Bustamante.

Como uno de los que habían aconsejado la perpetuidad de las alcaldías era don Antonio Tranquilino de la Rosa, el grupo había registrado la casa de este y puesto guardia en ella. Rosa logró escaparse y dirigirse a los pueblos del sur. En Reitoca fue capturado y de allí conducido a Comayagua, donde se le puso en libertad. Rosa, para darse garantías, costeó a sus expensas el escuadrón de Yoro que le remitió a Tegucigalpa don José María Piñol y Muñoz, que desempeñaba interinamente la Intendencia y Gobernación Política de la provincia de Honduras.

El movimiento de Tegucigalpa no pasó a más.

Pero las autoridades levantaron proceso contra determinadas personas, por insurgentes o herejes, que daba lo mismo entonces. Procesaron a Juan Antonio Duarte Garay por haber dicho: ¡*Viva Francia y muera España!* Y a don José Gabriel Vela, de la villa de Nacaome, porque dijo que "el héroe Bonaparte sería memorable sobre todas las historias de las testas coronadas, y con su ingenio y formidables ejércitos conquistaría la España y sus dominios, y sería rey y señor de ellos".

Los movimientos revolucionarios continuaron en la América del Sur en los años siguientes; pero, en 1815, España había logrado dominarlos.

El 19 de octubre de este año, don José Zeballos, capitán general que fue de Caracas, remitió al rey una instancia documentada de doña María Josefa Matos, mujer de don Domingo Manterola, en que solicitaba que se le concediera la gracia de poder llevar al cuello el busto del rey con el lema de *fiel venezolana*, en premio de sus servicios y adhesión a la real persona en las dos revoluciones de aquellas provincias, causa por la cual padeció una persecución decidida del Gobierno, hasta el extremo de haber sentenciado a su marido a ser pasado por las armas.

El rey, con audiencia de su Consejo de Indias y de sus fiscales, resolvió, en cédula de 22 de febrero de 1818, que así a la referida doña María Josefa Matos como a los demás que se hallaran en igual caso, se las condecorase con la distinción de una medalla de oro orlada y coronada con su real busto, y en el reverso con una inscripción que dijera: *El premio de la fidelidad de las americanas*. Los virreyes y presidentes de las Audiencias de Indias quedaban facultados para conceder dichas medallas a quienes las merecieran.

Dicha cédula se recibió en Guatemala el 15 de septiembre del mismo año, y Mallol la recibió en Tegucigalpa el 3 de noviembre, fecha en que la mandó publicar por bando, en momentos en que era completa la tranquilidad pública en el reino.

2. — Tal era la tranquilidad general, que Mallol se preocupó de la necesidad de hacer reformas en el régimen de los partidos.

El gobierno de los pueblos y la administración de justicia se ejecutaban en la provincia de Tegucigalpa por medio de tenientes.

Estos eran vecinos hacendados, comerciantes o mineros de los mismos pueblos, y servían el encargo sin más dotación que los derechos de Juzgado, que eran cortísimos.

Por consiguiente, el jefe principal, que se veía obligado a solicitar personas que sirvieran las tenencias, no podía estrecharlos al cumplimiento de su obligación por temor de que se le disgustaran; y así los casos de justicia y gobierno sufrían considerables perjuicios. Los asuntos se retrasaban; había quejas, y muchas veces los tenientes ni contestaban al alcalde mayor, lo que muy particularmente había pasado en el punto de establecimiento de escuelas y en el de fomento del cultivo de la grana: en cuanto al primero, apenas había teniente que hubiera contestado, y en cuanto al segundo, solo uno había dado cumplimiento hasta la fecha.

En las Alcaldías Mayores llamas de Los Altos, había escuelas dotadas, y regularmente los que las desempeñaban también obtenían las comisarías o tenencias, con lo que eran más obedientes, por el temor de perder el corto sueldo de que disfrutaban.

La falta de retribución a los tenientes de la provincia de Tegucigalpa hacía que esta se hallara en mal estado, sin que se pudiera establecer un orden, y careciendo, por lo mismo, de las ventajas que, en la agricultura, la industria y el comercio, pudiera proporcionarles una mano activa.

El auto acordado de 18 de febrero de 1802, señalaba varios ramos para dotación de la Alcaldía Mayor. Se excitó el celo de los tenientes a que los pusieran en planta, ofreciendo cederles una parte, según lo que produjeran; pero nada se consiguió, no se sabe si porque dudaron del cumplimiento de la promesa o porque hallaron dificultades en entablar los arbitrios o porque les aterró tratar de entablar una cosa sin uso.

En los pueblos había varios arbitrios que los comunes recaudaban sin que la Alcaldía Mayor tuviera de ello conocimiento. Esto pasaba especialmente en los de los indios, que cobraban arrendamiento de sus tierras, y no hacían ingresar el producto entre sus fondos de comunidad, como debía hacerse conforme a la Real Ordenanza de Intendentes.

Por todo esto era indispensable que se hiciera una distribución de partidos arreglada a la que había por el momento, o reformándola según conviniera. En ellos debían ponerse jueces con la dotación, a lo menos, de treinta pesos mensuales. A estos jueces o tenientes se les podía pagar su dotación empleando la tercera parte de lo que produjeran los arrendamientos de tierras de los comunes y aun de las realengas, y exigiendo además un real anual a cada familia ladina, conforme se exigía a los indios en virtud del auto acordado de 1802.

Era también indispensable que se establecieran escuelas en todos los puntos, dotándolas del producido de caminos y de una parte de los propios de cada pueblo; pero todo en el concepto de que primero hubiera jueces dotados que se interesaran en la recaudación y que llevaran a cabo las providencias que se dictasen.

El alcalde Mallol representó a la Real Audiencia todo esto en comunicación del 19 de noviembre, indicando que estaba para hacer la visita a su jurisdicción territorial, en cuanto se lo permitieran las atenciones de la obra del puente, y en la visita podría ejecutar lo que sobre la representación se le preceptuara.

Ya no era tiempo para introducir las reformas que Mallol proponía. Los asuntos de importancia no se resolvían tan pronto, como era de desearse, en aquella época: se perdía mucho tiempo en trámites. Por otra parte, aunque la Provincia estaba en paz y la tranquilidad reinaba en ella, las agitaciones en favor de la independencia continuaban en otras de las colonias, y el 15 de septiembre de 1821 estaba próximo.

CAPÍTULO VIII: ABUSOS—LA ALCALDÍA MAYOR

SUMARIO: 1. — Serra y San Martín. 2. — Solicitud del pueblo de Texíguat. 3. — Confirmación del restablecimiento de la Alcaldía Mayor de Tegucigalpa. Disposiciones varias.

1. — Mallol, en comunicación de 19 de noviembre, da cuenta a la Audiencia de la conducta de don Francisco San Martín y de don José Serra.

Era el uno sobrino carnal y el otro sobrino político de don Antonio Tranquilino de la Rosa, y en ellos se reunía las más veces la Comandancia de Armas accidental con motivo de los grados a que, por intrigas, se introdujeron después de la revolución del año de 1812.

Los señores Serra y San Martín no observaban la misma conducta de sumisión y respeto que observaba Rosa después de su choque con el alcalde mayor.

El primero era diputado consular en la Villa y el segundo era su teniente, sin embargo de no ser hacendado ni comerciante. Y habían hecho estos cargos como hereditarios en la familia, porque su plan no era otro que el de dominar, prevalidos del carácter de autoridades.

Así lo habían manifestado en lo que acababa de ocurrir.

Hallándose a más de veinte leguas de Tegucigalpa en la Comisaría de Guaimaca, de la comprensión de la Alcaldía Mayor, trató Serra de apoderarse de una partida de novillos que, de antemano, estaba vendida a don Francisco Aguirre y caminaba para entregársele a virtud del contrato.

Para conseguirlo, Serra se presentó a su hermano político, don Francisco San Martín, el que, desde una hacienda o hato, dictó providencias como teniente de diputado consular y titulándose comandante de las armas de Tegucigalpa, obligando a los jueces de aquel partido y demás del tránsito a cumplir sus órdenes, empleando fuerza armada de fuera de la Provincia, al cargo del teniente de su mismo cuerpo, don Isidro Álvarez, con el fin de atropellar al vendedor de la partida, don Lorenzo Ferrufino, anciano de ochenta y seis o noventa y tres años, y de poner en poder de su hermano político, don

José Serra, la partida que dicho anciano remitía al comprador don Francisco Aguirre.

El alcalde mayor dictó providencias, a pedimento de parte, no solo como jefe y juez del territorio donde eran las ocurrencias, que no tenía diputación consular, sino también en el concepto de no haber tal juzgado en la Villa, por hallarse ausentes los que podían ejercerle como lo estaban en el día. Por este medio logró evitar el derramamiento de sangre, sin embargo de que habían sido escandalosos los resultados y atropellada su propia autoridad. Esperaba se dictara providencia para contener ulteriores procedimientos.

2. — El pueblo indio de Texíguat dirigió al alcalde mayor una exposición, pidiendo se le dieran trescientos pesos de su comunidad para comprar maíces en León por la pérdida que decían de sus cosechas.

El alcalde mayor consulto en 19 de diciembre con el Superior Gobierno, manifestando a este a la vez que, al tiempo de recibir la exposición, retuvo la elección de oficios para el año entrante de 1819, previniendo al común de dicho pueblo bajase a Tegucigalpa, por la desobediencia de él en varios puntos, entre ellos el de no querer completar lo que debían de tributo, porque el alcalde mayor les cobraba según la retasa ya que no había tenido resolución de la Real Junta Superior acerca de los informes sobre bajas por muertos en la epidemia de viruelas que remitió su antecesor don Simón Gutiérrez en 20 de abril y 3 de noviembre de 1817; y el no querer pagar la comunidad de los años atrasados.

Este pueblo a nada hacía caso y nada obedecía: lo consideraba el peor de la Alcaldía, pues por sus alzamientos en los años anteriores tenía coadjutor, y al padre cura propietario separado de la cabecera de la administración. Está situado como a veinte leguas de Tegucigalpa. Había en sus arcas poco más de doscientos pesos, y en su pueblo un teniente enfermo, viviendo en una hacienda distante, sin haber sujeto que pudiera encargarse del mano, en términos que este partido, como todos los de la alcaldía, estaban en un completo desorden por falta de jueces dotados.

Esta consulta obtuvo el mismo resultado que la de 19 de noviembre.

3. — A fines de 1818 recibió Mallol el decreto de 24 de enero del mismo año, por el que el rey aprobó la elección de alcalde mayor de Tegucigalpa, con independencia de la Intendencia y Gobierno de Comayagua, menos en la parte militar, en que le debería estar sujeto, y con las mismas facultades y atribuciones que tenía al tiempo de su extinción, y extendiéndose estas en asuntos de Real Hacienda, y en lo que no alcanzaran por su propio oficio, en calidad de subdelegado de dicho intendente. [*]

Por Real orden de 28 de abril de 1807 había mandado el rey que en la Junta Superior de Real Hacienda se instruyese expediente sobre separación del partido de Tegucigalpa del Gobierno de Intendencia de Comayagua y restablecimiento de la Alcaldía Mayor en aquél, según estaba en 1788.

El presidente y capitán general de Guatemala, con carta de 3 de marzo de 1816, remitió al rey documentos delos que resultaba que dicha junta, en vista de lo actuado, acordó unánimemente el restablecimiento de la Alcaldía Mayor, y determinó que de los mil pesos que había señalado de dotación al alcalde mayor cobrase seiscientos de las cajas de la Provincia, con calidad de reintegro del arbitrio del medio por ciento sobre cada marco que se rescatase o de otros más convenientes que propusiera el mismo alcalde, quedando a cargo de la Audiencia hacer que fuesen efectivos los cuatrocientos restantes asignados sobre los propios y arbitrios de dicha villa. En consecuencia, había nombrado el presidente por alcalde mayor interino al teniente coronel don Simón Gutiérrez, europeo, libre de conexiones, activo, eficaz y de buenas luces.

El presidente había enviado a la vez un extracto del expediente que se siguió desde el año de 1806 sobre trasladar la capital de Comayagua a la villa de Tegucigalpa, por las ventajas que de ello resultarían, sobre lo que hacía las observaciones que le inspiraba su amor al real servicio y los conocimientos que le habían suministrado cinco años de mando.

Por otra parte, el intendente de Comayagua le había hecho presente al rey con documentos, en 6 de noviembre de 1815, la

---

[*] Véase en el APÉNDICE IV lo que comprendía la *Subdelegación de Tegucigalpa*, de que se volvió a formar la *Alcaldía Mayor*.

imposibilidad que había de que la Real Hacienda se reintegrase de los seiscientos pesos anuales que, con esta calidad, suplía para la dotación de la Alcaldía Mayor como igualmente de otras muchas deudas a favor de la Real Hacienda, entre ellas, más de 20 mil pesos de los alcaldes ordinarios y subdelegados encargados del cobro de tributos, pasando la quiebra del teniente de ministros de Tegucigalpa, don Manuel Midence, de 27,000 pesos, sin contar de trece a catorce mil pesos en buenas cuentas, de lo que aún nada se había recaudado.

El rey se conformó con el dictamen del fiscal, de 26 de noviembre de 1817 e hizo la aprobación indicada.

Y en cuanto a los demás puntos dictó especiales determinaciones.

Siendo reparable que no se hubiera procurado todavía desde 1812 buscar arbitrios para evitar que la Real Hacienda hiciera el suplemento de los seiscientos pesos, mandó que, para cubrir los mil asignados al alcalde mayor, se aplicaran los cuatrocientos que de sus propios y arbitrios debía satisfacer la Villa, los ciento cincuenta y ocho pesos cuatro reales y un cuarto más o menos que, según reguló el Tribunal Mayor de Cuentas, produciría el cinco por ciento de recaudación de los tributos, por estar ya restablecidos, y ciento noventa y ocho pesos y dos reales del real de cada tributario con que contaba dicho Tribunal, sacándose el resto hasta el complemento de los mil, del medio real sobre cada marco que se rescatase en la Caja de la Villa o, en su defecto, de algún otro recurso que inmediatamente debería proponer a la Junta Superior de Real Hacienda el Ayuntamiento de Tegucigalpa, para atender con sus productos no solo al déficit anual que resultaba, sino también al reintegro de las sumas suplidas hasta el día.

Quería el rey que se le informara con justificación sobre los buenos o malos efectos que hubiera producido la segregación de Tegucigalpa, atendido el tiempo que llevaba de su restablecimiento y lo que se hubiera adelantado en orden al cobro de las considerables cantidades que se debían a la Real Hacienda y no se podían recaudar, respecto ser esto una de las causas más principales, por las que se accedió a la restauración de la Alcaldía Mayor.

Y en lo tocante al punto de la traslación de la Capital a la villa de Tegucigalpa, penetrándose de las ventajas o perjuicios que pudiera ocasionar respectivamente la prontitud o detención del despacho de un negocio de tanta entidad, mandó que se acabase de instruir a la

mayor brevedad el expediente formado sobre el asunto, en los términos pedidos por el Tribunal Mayor de Cuentas, el fiscal y el asesor general, y se remitiera para su real determinación, simplificando los trámites y formalidad en cuanto fuera compatible con la ilustración que se deseaba.

CAPÍTULO IX: ANEXIÓN DE CANTARRANAS A CEDROS

SUMARIO: 1. — Desorden en Cantarranas. Proceso a Juan de Dios Galindo y a Francisco Ferrera. 2. — Auto que ordena la anexión de Cantarranas a Cedros provisionalmente, 3, — Información de buena conducta de Ferrera. 4. — Término del proceso de este.

1. — El 26 de diciembre, como a las once de la noche, hubo un desorden en la villa de Cantarranas, en el Barrio Abajo, e casa de Julián Arguijo, donde se daba una fiesta. El teniente, don José Miguel Lagos, informado de lo que sucedía, fue a dicha casa y encontró en el tumulto a Juan de Dios Galindo, que, al parecer, se hallaba ebrio, la capa a un lado, y con una espada desenvainada, haciendo con ella posturas. Le ordenó que fuese a recogerse, y no habiendo obedecido, le pidió auxilio al capitán de Dragones, don Francisco San Martín, como comandante de armas que era, y al sargento veterano Florencio Irías, para desarmar a Galindo y conducirlo, si era preciso, a la cárcel. Galindo se recostó sobre su espada, y San Martín, dándole un puntazo, le dijo: "Entregue esa espada, negro". "Aquí la tiene, señor amo", contestó aquel, quitándose el sombrero y retorciéndose del dolor. En momentos que San Martín le tiraba de nuevo, uno de la fiesta dijo: "Señor, no le pegue; ya rindió su arma". Y entonces se contuvo. Galindo, quejándose, decía: "¡Señores! ¡Por el Santísimo Sacramento, que me han herido!" Y San Martín le contestó: "¡Ojalá te hubiera echado al demonio!" Habiéndose sentado Lagos y San Martín, pidió Galindo que le devolvieran su espada y le contestaron que "otro día, que fuera a acostarse". Insistió Galindo diciendo que ya se iba, y Lagos se enojó y lo mandó prender, por lo que salió huyendo. Irías fue detrás y le dio un machetazo en la cabeza, que lo derribó, y le siguió dando *cinchazos*. Lagos y San Martín le salieron al encuentro, y le dieron también *cinchazos* y puntazos. Luego San Martín dijo a Lagos: "Vénganse, ya eso se acabó", y contestó el teniente: "Déjeme, que me quiero experimentar".

Como a las once y media, Felipe Moya llegó a la posada del mulato Francisco Ferrera [*], quien estaba acompañado del músico Manuel Ugarte, y les dijo que "si no habían sabido del gran molote que se hacía por don Francisco San Martín, el teniente don José Miguel Lagos y el sargento veterano don Florencio Irías, quienes unidos andaban dándole a la gente que encontraban de cinchazos y maltratándoles con razones". Contestaron que lo ignoraban, y Moya se despidió.

Poco después advirtieron bulla y un tumulto de gentes cerca del atrio de la iglesia. Ferrera, como sacristán de ella y movido por la curiosidad, fue con Ugarte a ver qué pasaba; y encontró que Casimiro Fletes, soldado y criado de don Francisco San Martín, José María Chacón, criado del teniente don José Miguel Lagos, y Pedro Sandoval y don Antonio Vidaurre, forcejaban por llevar a la cárcel a Juan de Dios Galindo. Este, asido de las piedras del atrio, hacía por franquearlo, a efecto de gozar de la inmunidad; pero con motivo de la embriaguez en que todos estaban, Ferrera los reconvino, previniéndoles que se retirasen. Vidaurre le respondió que a cuarenta varas de distancia de la iglesia, nadie tenía dominio para ir a apartar a ninguno. Entre tanto, Galindo logró subir al atrio, y soltándose las ligaduras del lazo con que lo tenían amarrado, se fue como para la puerta mayor del templo, y de paso huyó hacia la población, no habiendo parado hasta Liquitimaya, donde estuvo gravemente enfermo de sus heridas. Vidaurre y Sandoval le dijeron entonces a Ferrera que ahí le entregaban el reo, a lo que les contestó que no les había pedido reo ninguno sino que se apartasen de la iglesia.

Lagos y San Martín, armados y ebrios, con otros, llegaron allí, prendieron a Ugarte y trataron de prender a Ferrera, por atribuirle haber quitado el reo; pero Ferrera huyó a refugiarse a la sacristía, de donde salió al día siguiente sin que le ocurriera más novedad que haberlo llamado el teniente el 29 para que le explicase la fuga de Galindo.

El 1º de enero, como a las dos de la tarde, se citó a Ferrera para que fuese a dar una declaración. Este se dirigió a la iglesia, pretextando ir a ver que enterraran un difunto. Estando en ella recibió

---

[*] Fue presidente de 1841 a 1844; véase *Gobernantes de Honduras*.

recado y orden verbal del teniente, en presencia de testigos, para comparecer a la cita, y contestó que no iría porque el teniente no le había de creer lo que dijera, como ya le había pasado el 29. Recibió a poco un papelito del sargento Irías: lo rompió y repitió que no iría. Enseguida supo Ferrera que el teniente le había dirigido oficio al cura para que lo hiciese ir a dar su declaración y para que se le castigase por su desobediencia, y luego le llegó noticia de un segundo oficio al señor cura, quien había dicho, conforme a la prevención, que lo entregaría el día siguiente, pero añadió que era preciso que pusieran guardias en la iglesia aquella noche. El sargento Irías fue a la iglesia a persuadir a Ferrera que saliese a dar su declaración, y que fueran a divertirse a una fiesta que se trataba de poner en casa del alcalde que había salido; pero Ferrera contestó que no iría a ninguna parte, pues recelaba y temía una violencia y además estaba enfermo.

Ferrera, con el último aviso, salió de la iglesia como a las ocho de la noche, a una casa inmediata de la plaza, desde donde observó que fueron a registrar aquella con guardias. Por lo que, cuando todo estaba en silencio, fue y trajo una mula y a las once de la misma noche salió de la villa de Cantarranas y se vino a Tegucigalpa, donde se presentó al alcalde mayor.

Este recibió una comunicación del teniente Lagos, en que le pedía que, si Ferrera llegaba a Tegucigalpa, se lo remitiese para evacuar citas y careos en el proceso que a este se seguía y en el proceso contra Galindo.

2. — El 8 de enero dictó Mallol un auto en que mandó remitir las diligencias al teniente del partido de Cedros para que, reuniendo el distrito de Cantarranas a Cedros, como estaba el año anterior, resumiera en sí la jurisdicción y para que siguiera el sumario. A Ferrera, a quien tenía con la ciudad por cárcel, le amplió el arresto por dicho auto al distrito de su pueblo.

Don Francisco Gardela, teniente de Cedros, dictó auto en Cantarranas el 14, mandando llamar los pedáneos y demás justicias de la villa de San Francisco y los de la reducción de Moroselí para notificarles que la Comisaría de Cantarranas volvía a Cedros; y dio parte a Mallol de que Lagos estaba en Tegucigalpa y pedía se lo remitiera para que entregase todo lo que tenía a su cargo.

El 15 los alcaldes y justicias citados manifestaron que daban el obedecimiento y que no tenían qué decir.

Lagos, notificado en Tegucigalpa, representó contra el auto y recusó a Gardela; y Mallol proveyó que se le hiciera saber que la agregación del partido de Cantarranas al de Cedros era provisional y que la recusación de Gardela debía formularla ante él, y entregar por inventario.

El 23 de enero se hizo nueva prevención a Lagos de ir a entregar el despacho, y se ordenó a Gardela no sacar los papeles de la tenencia hasta segunda providencia del alcalde mayor. Lagos insistió en la recusación y en no ir. En cuanto a lo primero, se mandó seguir información; y en cuanto a lo segundo, estar a lo mandado.

Lagos por fin fue a Cantarranas y entregó la Comisaría el 27 de enero, por inventario. El teniente Gardela llegó el 30 a cedros.

El 1º de febrero, Gardela remitió la causa a Tegucigalpa. Con ella remitió también "un expediente de buen gobierno sobre averiguar perjuicios que se le siguen a la Comisaría de Cantarranas, de estar sujeta al juzgado de Cedros".

3. — Ferrera, con motivo del proceso que se le seguía, pidió que se instruyera información sobre su buena conducta.

La información no pudo ser mejor.

El cura de Cantarranas, don Manuel Antonio Cabrera, dijo que conocía a Ferrera desde el 19 de junio de 1817, en que aquel llegó a la Villa. El año de 1818 había tratado Ferrera de avecindarse en Tegucigalpa, pero el cura lo instó a quedarse en Cantarranas por carecer de persona que tocara el órgano de la iglesia y oficiara misas, y habiéndose ido el sacristán que tenía, logró últimamente a fuerza de ruegos poner de sacristán de aquella parroquia el 1º de septiembre del citado año de 1818 a Ferrera, en cuya hombría de bien confiaba.

Don José María Moya dijo que conocía a Francisco Ferrera desde chico, porque lo crio el finado señor cura don José León Garín; y era sacristán, organista y músico de la iglesia de Cantarranas, útil en aquella república, como que era el plumario mejor que andaba escribiendo cuanto era necesario. Era verdad su buena conducta, y más en cada misa de las de su cofradía, para que no se fuera de aquella villa.

Los demás testigos concuerdan con estos.

4. — Mallol, por auto de 26 de junio, con vista de la referida información de buena conducta de Ferrera, declaró a este libre de la insubordinación que se le atribuía; pero manifestando su conducta en el hecho motivo del proceso un celo imprudente, lo condenó en las costas.

CAPÍTULO X: EL PARTIDO DE DANLÍ

SUMARIO: 1. — Representación de los vecinos de Danlí a la Audiencia e informe del alcalde mayor sobre ella. 2. — Noticia relativa a la residencia mandada tomar al subdelegado de Catacamas. Razón del método.

1. — Los vecinos de Danlí [*] hicieron a la Real Audiencia una representación contraída a tres puntos, a saber: que se debía formar junta municipal en aquel partido; que se debían rebajar las cuotas de contribución; y que se debían pagar las cargas, haciéndose en este punto varias asignaciones.

La Audiencia, por auto de 9 de enero de 1819, la pasó al alcalde mayor, y este, en cumplimiento del auto, la discutió con el Ayuntamiento de Tegucigalpa, y dio su parecer en 14 de marzo.

Mallol consideró el primer punto conforme al artículo 26 de la Ordenanza de Intendentes, siempre que se acreditara en forma haber en el partido pueblo de españoles en competente número para mantener la junta. En la próxima visita podría él comprobarlo.

Advertía Mallol que las expresiones con que, en esta parte, se producían, sobre todo en el párrafo segundo de la representación, los vecinos de Danlí respiraban un aire demasiado elevado y que era necesario reprimir en las actuales circunstancias. Se ve, pues, que los danlidenses han sido siempre los mismo por la altivez; pero el alcalde mayor no vio con buenos ojos su exposición, en momentos en que la revolución de independencia hacía su carrera.

En cuanto al segundo punto, manifestaba que no creía crecidas las cuotas de contribución asignadas. Él las había detallado con pleno conocimiento, y eran o iguales a las que pagaban las demás provincias del reino o mucho menores, como sucedía en lo respectivo a ganados que, en Escuintla, Chimaltenango, Sololá, Totonicapán y Quezaltenango, eran de seis reales y un peso, además de la alcabala, sin embargo de que la carestía de carnes en los referidos partidos hacía menos llevadera la contribución. El Ayuntamiento de Tegucigalpa se contraía solo a que se rebajara a dos reales la asignación de cuatro

---

[*] Véase el APÉNDICE V.

sobre carga de panelas; pero esta rebaja no disminuía en gran manera el fondo de Propios.

El tercer punto comprendía el pago de cargas y establecimientos que debían hacerse.

La Ordenanza de Intendentes detallaba lo conducente sobre los pagos comunes, y debía observarse.

El alcalde mayor creía que debía entrar a prorrata lo que el Ayuntamiento de Tegucigalpa estaba contribuyendo para la obra del puente, que no solo era beneficioso a la cabecera y partidos de la comprensión de la Alcaldía, sino también a las provincias y partidos colindantes.

Creía necesario el establecimiento de escuela en el citado partido de Danlí, que, como todos los de la Provincia, carecía de esta parte de enseñanza tan recomendada. No era imposible que se verificara dicho establecimiento, pues el partido había producido cuatrocientos catorce pesos, seis y medio reales, en los tres meses últimos, según el aviso y cuentas del teniente de alcalde mayor, de 2 del mes de marzo corriente; y ya el alcalde mayor le reencargaba el cobro de la otra parte del año y de los atrasos desde el de 1812. Al hacer la visita, él podía poner en planta la escuela.

En cuanto a acueducto, cabildo, cárceles, carcelero, grillos y demás, había de esperar el resultado de las diligencias que se instruyeran.

Proponían los vecinos de Danlí el aumento del sueldo del alcalde mayor.

Mallol no podía decir sobre esto, sino que su antecesor reclamó la indotación de esta Alcaldía que, en efecto, era la menos dotada de todas las del reino, sin embargo de ser la de mayor trabajo y que, por la carestía de los mantenimientos, exigía mayores costos. La asignación de mil pesos que tenía era menor que el sueldo de un asesor de Provincia, sin embargo de que este cobraba derechos creados y el alcalde mayor era tenido a un real por firma. De esta asignación solo cuatrocientos pesos eran del ramo de Propios, del que los asesores cobraban mil sin la responsabilidad de jefe, como lo era el alcalde mayor. Los pagaba el Ayuntamiento de la cabecera, pues los partidos no contribuían en nada: una asignación de un tanto por ciento sobre los productos de estos recompensaría al alcalde mayor de los gastos de escribientes y papel y del penoso trabajo que le producían los ramos de Propios en un estado de desorden general.

2. — El 14 del mismo marzo, el común de Catacamas presentó a Mallol un escrito en que hace referencia de antecedentes de residencia cometida a él como alcalde mayor por real provisión de la Audiencia, para tomársela a don Alejandro Medina, subdelegado que fue de aquel partido. De esta comisión no tenía noticia Mallol, aunque se decía haberse publicado en Catacamas el 23 de febrero recién pasado, y se abstuvo de resolver, dando cuenta a la Audiencia.

Poca importancia tiene este dato, y se consigna por referirse a la misma fecha del que contiene el número anterior. Pero, dada la falta de documentos en los archivos de Honduras, es útil conservar esa alusión a la residencia mandada tomar al subdelegado de Catacamas, jurisdicción de la Provincia de Comayagua.

CAPÍTULO XI: LA CASA DE RESCATES

SUMARIO: 1. — El alcalde mayor pide a la Real Junta Superior de Hacienda autorización para continuar la Casa de Rescates. 2. — Fondos disponibles para la obra.

1. — El alcalde mayor, apoyado en el informe de los Claveros 2º y 3º, don José María Rojas y don José Vijil, se dirigió el 20 de marzo a la Real Junta Superior de Hacienda, pidiendo autorización para continuar la obra de la Casa Real de Rescates.

Esta se había empezado hacía treinta y cinco años, esto es en 1784 [*] y su delineación se extendió a toda la manzana en que estaba la parte construida, dejándose casi la mitad en cimientos. Sobre ellos podía continuarse una casa formal con costo de tres mil pesos, la que se podría destinar para habitación del alcalde mayor, oficinas y almacenes, como la escribanía de gobierno, oficinas de rescates y ensayes y de fundición y conducción. Así se lograría tener reunidas en una cuadra las reales oficinas para el despacho, así en lo gubernativo de la Provincia como en lo de Real Hacienda.

Podría también destinarse una de sus piezas para las armas, que actualmente se hallaban en casa de un oficial de milicias, por no haber dónde guardarlas. [**]

2. — Para realizar el proyecto había existentes dos mil trescientos ochenta y un pesos, siete y tres cuartillos reales, de descuento del medio por marco exigido a los introductores de plata, desde diciembre de 1815, que comenzó, hasta fines de febrero próximo pasado, esto es, líquido sobrante, deducida la dotación de la Alcaldía Mayor, objeto para el cual se entabló.

También había líquidos cinco mil trescientos veinticuatro pesos, siete y medio reales, del descuento de fundición y ensaye, y mil cuatrocientos noventa y tres pesos, cinco y tres cuartillos reales, del

---

[*] Véase el APÉNDICE VI.

[**] ¡Precioso detalle! Eran aquellos los tiempos de la revolución de independencia, y las armas se hallaban en una casa particular. El gobierno colonial tenía más confianza en los súbditos que más tarde la República en los ciudadanos.

de conducción, procedentes de los años de 1793 a 1818. Estas cantidades sumaban nueve mil doscientos pesos, cinco reales.

La obra tendría muchas ventajas.

Daría seguridad a la oficina de fundición, donde se beneficiaban todas las barras de plata. Esta oficina era una despreciable galera sobre postes de adobe, toda al descubierto y sin más defensa que una mala pared de dos varas de alto, por donde solía haber extracciones de los utensilios y de la plata. Podía decirse que esta oficina estaba en medio de la calle, debiendo ser, por su naturaleza, de igual resguardo al Tesoro, así como lo era en la Real Casa de Moneda.

El alcalde mayor más fácilmente dominaría la escribanía de gobierno, atendería a la seguridad de caudales y efectos, podría velar sobre la conducta de los subalternos de la misma casa, hacer que sus funciones se dirigieran al cabal servicio que debían prestar, y por lo mismo, intervenir en ellas inmediatamente y en toda la extensión que le correspondía como jefe del ramo y como uno de los claveros de la caja, a efecto de que el público y el rey no se vieran perjudicados.

Podía dirigir la obra el albañil que dirigía el puente.

El suelo presentaba proporciones para que se verificara, porque había piedra, cal y maderas que se podrían procurar a poca costa.

Finalmente, la época que les había facilitado conocimientos en la construcción de un puente que daría gloria al reino, convidaba a que se aprovechase una ocasión favorable como era aquella que se presentaba en el día e imposible de conseguirse en otro tiempo.

La autorización pedida por Mallol no fue concedida por la Superioridad; y no se concluyó la obra. [*]

---

[*] La Casa de Rescates es la misma en que hoy está el Cuño. Fue mejorada para este por el presidente Dr. Don Marco Aurelio Soto, quien dejó de darle el empleo de cuartel que antes tenía. Los hermosos cimientos que Mallol quería utilizar, fueron aprovechados en 1897 por el presidente Dr. Don Policarpo Bonilla, haciendo levantar sobre ellos el edificio que hoy ocupa la Tipografía Nacional. A los 78 años del proyecto de Mallol.

CAPÍTULO XII: ALARMAS EN LA COSTA SUR

1. — Los movimientos en favor de la independencia continuaban en la América del Sur, y no dejaban de perturbar de vez en cuando la tranquilidad del reino de Guatemala que, con posterioridad a los sucesos ocurridos en San Salvador en 1814, no había vuelto a conmoverse.

El 27 de marzo de 1819, al frente de Sonsonate, fue hecho prisionero el bergantín *Nuestra Señora de Guadalupe*, por otro nombre *El Gallardo*, por una fragata pirata y otras cuantas velas que se advirtieron, y que procedían de Buenos Aires. Esta noticia puso toda la costa sur en movimiento; circularon órdenes superiores, y se fijaron vigías en los puntos acostumbrados.

El 2 de abril, a las cuatro de la tarde, don Felipe Escobar, subdelegado de San Alejo, recibió de la vigía del cerro de Conchagua noticia de haber fondeado al frente del de la parte de Maguigue un barco que, por sus señales, se infería ser fragata.

El 3 de abril, a las tres de la madrugada, los insurgentes, con una fragata de porte alto, un bergantín, una cañonera grande y lanchas armadas, habían apresado en El Realejo, en la provincia de Nicaragua, los bergantines de *San Antonio* y *Neptuno* y las goletas *Sofía* y *Loreto*, del comercio nicaragüense. Estos sucesos difundieron el temor en el partido de Choluteca.

Pocos días después, el miércoles o jueves santo, en el Golfo de Fonseca, arribó a tierra una lancha grande de enemigos, en solicitud de hacer aguada. Conducía como veinticinco hombres entre negros ingleses y uno que los dirigía y servía de intérprete, todos con sus fusiles y además un par de cañoncitos pedreros. José Guillermo, alguacil mayor de Conchagua, habitante de la isla de Punta de Zacate, intentó imponerse mejor de las condiciones de la lancha y de quienes iban en ella, pero no se lo permitieron, excusándola mar adentro hasta que, concluida su aguada que pusieron a bordo, se retiraron hacia el puerto de Conchagua, sondeando con frecuencia su hondura, buscando las corrientes de la isla del Tigre, de la costa del partido de Nacaome, y por ellas mismas se dirigieron al buque o barco que estaba fondeado entre el medio de la vigía del Cerro y Conchagüita, según pudo ver la vigía del expresado cerro.

2. — Los tenientes de Nacaome y Choluteca pusieron estas noticias en conocimiento del comandante general de Honduras, don José Gregorio Tinoco de Contreras [*]. Este funcionario, el 13 de abril dio orden al comandante accidental de Tegucigalpa, don Francisco San Martín, de que hiciera salir inmediatamente 25 hombres al mando del subteniente Inestroza para que fuera a Choluteca a ponerse a las órdenes del teniente don Justo José Herrera. Ordenó también que saliese para Nacaome igual número a las órdenes del subteniente Lardizábal. Uno y otro debían llevar un sargento o cabo veterano.

Les encargó que guardasen la mejor armonía y observaran la mejor conducta.

Esta fuerza debería ser apostada en los parajes por donde el enemigo pudiera internarse, en pequeñas partidas de diez, quince o veinte hombres que, tomando los desfiladeros, hicieran un fuego vivo y graneado, capaz de rechazarlo.

Al intento, el 14 temprano saldrían de Comayagua seis mil cartuchos embalados, ochenta fusiles y trescientas piedras de chispa. De ellos, luego que llegaran a Choluteca, se distribuirían cuarenta fusiles, dos mil cartuchos y cien piedras de chispa en aquella compañía, igual número para la de Nacaome, y lo restante para la tropa de Olancho que estaría para llegar.

Así que Inestroza y Lardizábal llegaran a sus destinos, organizarían e instruirían en lo posible a los voluntarios, caminando de acuerdo con sus respectivos capitanes.

La defensa de la costa se encargó al teniente coronel don Andrés Brito, quien salió de Comayagua con cien hombres el 18.

---

[*] Proclamada la independencia, gobernó en 1821 la provincia de Comayagua: véase *Gobernantes de Honduras*.

Tinoco había dirigió el 14 de abril una proclama tanto a los pueblos de la costa sur como a los de la costa norte, excitándolos a defender el Estado, la patria y la religión.

3. — El capitán don Francisco San Martín dio cuenta a Tinoco del oficio del subteniente Lardizábal que este remitió con un parte de don Manuel Lucas Sierra, teniente de Nacaome, avisando que el enemigo se había retirado. Tinoco le contestó que los cincuenta hombres que el 15 de abril iban a salir para Choluteca y Nacaome debían continuar su marcha, como lo había dispuesto, sin embargo del aviso, porque aun siendo cierto que el enemigo se hubiera retirado, podía ser con la idea de atacar con mayores fuerzas, debiéndose ahora que daban tiempo reforzar los puntos que pudieran ser invadidos.

San Martín le daba cuenta además a Tinoco de que el alcalde mayor de Tegucigalpa se había negado a socorrer treinta hombres que tenía listos, y de los disgustos que, con ocasión de la Comandancia accidental de Armas, tenía con Mallol.

Tinoco le dijo que no era necesario acuartelar aquellos treinta hombres, y que no se debían tomar en la villa de Tegucigalpa más providencias militares que las que la Comandancia General ordenase.

Y para evitar los disgustos de que se quejaba y choques y resentimientos, dispuso que la entregase la Comandancia al teniente don José Serra Vijil. San Martín hizo la entrega el 19 del mismo.

4. – Mallol, por su parte, había adoptado medidas para la defensa de Choluteca, Nacaome y pueblos próximos, y dio cuenta de ellas a Tinoco. Este le contestó, aprobándolas, y dándole noticia de la salida del teniente coronel don Andrés Brito para Nacaome con cien hombres de las compañías de milicias de Comayagua y de que, habiéndole encargado de la conservación y defensa de aquel partido, obraría según las instrucciones que le daría desde Comayagua y tomaría las medidas de precaución que le dictaran su prudencia y conocimientos militares. Decíale, además, que podía auxiliar a Brito con algún numerario, según se lo ofrecía, y le manifestaba quedar enterado de que, con dineros pertenecientes a la Intendencia de Comayagua, había socorrido con doscientos pesos a cada partida de tropa de las que habían salido de Tegucigalpa.

5. — El 19 de abril, el teniente de Choluteca escribió a Mallol, diciéndole que, en la misma fecha, llegó a la citada villa el subteniente

don Juan Antonio Inestroza con veintiséis hombres; pero la falta de pólvora, por no haber llegado hasta entonces los cartuchos, les impidió cubrir con ellos los puestos de mayor peligro.

Pusieron, sin embargo, seis soldados en la isla, que era el lugar más a propósito para observar las novedades, con la circunstancia de que, antes de saltar a tierra, podían recibir noticias.

Al llegar los fusiles y cartuchos pasaría Herrera con el subteniente Inestroza a registrar los puertos más dignos de atención. Eran estos los que dan al lado de El Viejo, por no haber lugar en que los manglares dejaran ver libremente a distancia considerable el curso de los esteros, sus bocanas y la misma travesía para los puertos de El Viejo.

A pesar de esto, Herrera tenía vigías en los puertos de Carranza y San Bernardo por aquella dirección, y en los de San José, Icaco y Doradas en el paraje de la isla que tienen a la vista la travesía de Conchagua y Farallones.

Cada vigía era de seis hombres tomados del paisanaje, porque la compañía de voluntarios estaba disuelta, a causa de que nunca se logró obtener la correspondiente aprobación del capitán general, a quien se había dado conocimiento de los oficiales que deseaban servirla. Pero ahora, con orden del comandante Tinoco, iba a reunir los individuos que la componían y a organizarla con toda la formalidad posible.

Con la noticia funesta de lo ocurrido y que no se pudo evitar que se difundiera en la Villa, se había dispersado todo el vecindario, a excepción de unos pocos sujetos que acompañaron a Herrera. Este, por ello, hubo de echar mano de alguna gente de otros pueblos para las rondas, vigías y otras fatigas indispensables.

No habiendo fondo de que disponer, Herrera dio ordena las haciendas de que suministrasen a las vigías los alimentos necesarios, porque el estar colocadas cerca de aquellas redundaba en su seguridad. Sin embargo, la dueña de San Bernardo dio a su mayordomo órdenes en contra, con poca consideración al estado del Erario y a las circunstancias.

Las vigías cumplían bien su encargo.

El 16 no se pudo observar nada, por haber estado el mar cubierto de vapores, pero no hubo novedad, según se avisó del Cerro de las Tablas.

El 17 la vigía de la isla avisó que había visto los barcos, pero que se habían retirado; habían entrado a la Punta Gorda, y no sabían si estaban fondeados detrás o se habían ido; como a las diez atravesó otro que salió de debajo de los Farallones.

El mismo día 17 vino un individuo del pueblo de El Viejo con la noticia de que un barco de los que estaban en el puerto de El Realejo había salido a Conchagua; pero era de los prisioneros que estaban entre ellos y habían salido a favorecerse. Los demás los habían soltado ya.

El 19 no hubo novedad tampoco.

Mallol contestó al teniente de Choluteca, haciéndole varias prevenciones.

Existiendo ya fuerza militar en el Distrito, era propio de la obligación de esta el cubrir los puntos que habían llamado la atención y los demás que correspondiera para la defensa del país, debiendo la compañía de voluntarios honrados que había restablecido dar el auxilio que se le pidiese, en la inteligencia de que, en el reglamento por el cual se habían formado todas las compañías del reino, se prevenía fueran pagadas siempre que se emplearan en el servicio más de dos horas y de que todo el vecindario debía estar pronto a la defensa del país, según las órdenes comunicadas. Sin embargo, debía el teniente estimular a la compañía a que hiciera el servicio sin costo al rey o, al menos, con el menor posible, para acreditar su amor al rey y a la causa pública en las críticas circunstancias de escasez de numerario que habían obligado al comandante general a mandar que, por lo pronto, solo se socorriera a la tropa con carne y un real diario, haciéndoles ver que este servicio redundaba en beneficio de ellos mismos para la seguridad y conservación de sus vidas y hogares.

En cuanto a la dueña de la hacienda de San Bernardo, le manifestaba que esta decía bien en su carta sobre que debía satisfacerse el alimento que daba a la vigía colocada en aquel punto; pero que, no teniendo fondo de donde suplir estos gastos, debía suplirlos el común de particulares o sean los hacendados, con calidad de reintegro por quien correspondiese. Aunque siempre era reparable el modo como se explicaba dicha señora, pues probaba poco celo público en una cosa que se dirigía inmediatamente a la seguridad de la misma hacienda de San Bernardo y se metía en cosa ajena al ser defensora de los derechos del paisanaje que el teniente ocupaba, se podía decir que, como mujer, era sugerida por personas díscolas que tal vez anhelaban el momento de unirse a los enemigos de la patria.

Mallol concluía ofreciendo que, con este antecedente y lo que le manifestaba sobre el mismo particular el teniente de Nacaome, representaría al Excmo. señor capitán general lo conveniente sobre abono. Y esperaba que, al recibo de su comunicación, ya estuvieran en Choluteca la cartuchería y fusiles destinados para su defensa, lo mismo que la mayor fuerza que el comandante general envió bajo las órdenes del teniente coronel graduado, don Andrés Brito, quien dirigiría todas las operaciones.

6. — El 21 de abril, el comandante accidental de Tegucigalpa pidió al alcalde mayor hospedaje para el sargento veterano don Florencio Irías, que estaba destinado en la Villa a disciplinar los soldados en ella reunidos. Vino también de Juticalpa un tambor veterano con el mismo objeto.

El teniente coronel del batallón de Olancho, don José María Zelaya, el 27 de abril dirigió al subteniente de su cuerpo don José Remigio Díaz una comunicación en que le dice que, si el subteniente don Antonio Lazo no se hubiese reunido con la división de doscientos hombres que iba en marcha para Comayagua, inmediatamente saliera a incorporarse con ella, pues así interesaba al servicio del rey N. S. y la patria.

Díaz le pidió sueldo a Mallol como jefe de Real Hacienda, en calidad de reintegro.

Don Juan Bautista Ordóñez, teniente de alcalde mayor de Texíguat, obedeciendo órdenes de Mallol, tomó en aquel partido medidas de defensa, "por los recelos que se experimentaban, por estar los puertos inmediatos amenazados por los insurgentes bandidos que andaban esparcidos por el Mar del Sur sin guardar religión ni tener gobierno, y quienes, al tomar los lugares, no tenían más objeto que saquear los templos y todo cuanto encontraban".

La inquietud continuaba en Choluteca, y por ello el teniente Herrera dispuso el 1° de mayo dirigir al vecindario una proclama.

"Serenaos —les decía— porque si hay piratas sobre vuestra costa o, por mejor decir, osos, lobos y panteras que, no acabando de devorarse por sus mismas garras, intentan teñirlas en vuestra sangre, hay también fusiles, bayonetas, pólvora y balas para vuestra conservación y defensa y una compañía de jóvenes voluntarios, cuyo celo, valor y patriotismo bastan para eludir los negros designios de esos monstruos que encubrió la naturaleza con figura de hombres, o, con más propiedad, fieras con fisonomía de hombres y con espíritu de demonios. Contad conmigo; os juro morir en vuestra defensa antes que ver hollado por la inmunda planta del enemigo el suelo de vuestra patria. Esperadlo de mí, que os amo y decid conmigo: ¡Vivan la religión, el rey y la patria, y mueran los piratas a manos del ilustre vecindario de Choluteca!". [*]

7. — Ya el 8 de mayo se habían dejado de presentar en el Golfo de Fonseca los piratas o insurgentes que se habían estado avistando; pero el comandante del destacamento de Comayagua, teniente coronel don Andrés Brito, desconfiando de aquellos y deseando estar listo para cualquier acontecimiento inesperado, hizo que el teniente de Nacaome publicara por bando varias prevenciones encaminadas a la seguridad y a la defensa.

Un tiro de fusil a cualquiera hora del día o de la noche y toque de generala en la guardia de prevención del cuartel del destacamento de Comayagua, servirían de señal para tomar las armas por noticias de enemigos en la costa del Distrito o acometiendo la Villa.

A esa seña, los vecinos y demás paisanos, estantes y habitantes en la Villa, acudirían a la casa del teniente de alcalde mayor con las mejores armas que tuvieran. Allí se formaría un cuerpo que se destinaría a lo que acordaran el teniente y el comandante, para la defensa.

Las mujeres, los niños, los enfermos y los demás incapaces para tomar las armas, dejando sus casas e intereses se reunirían, a la señal, en las casas de la plaza, en donde se les pondría custodia que los guardara y los pusiera a cubierto de todo ultraje. Por medio del mismo

---

[*] Esta proclama puede verse íntegra en la *Historia Social y Política de Honduras*, por el presbítero Dr. Don Antonio R. Vallejo.

resguardo se les proveería de alimentos y se les procurarían los auxilios posibles en las circunstancias.

El padre cura permanecería en la iglesia o en su casa, para estar pronto a ocurrir a donde se le llamara a suministrar los auxilios espirituales.

Los paisanos que faltasen a lo prevenido incurrirían en la negra nota de cobardes, infieles y desagradecidos a su suelo, y serían castigados con todo el rigor que detallaban las leyes. Serían premiados si, como buenos patriotas, defendían su patria, la religión y el Estado.

Este bando se hizo publicar también en Guascorán.

8. — Las alarmas en la costa sur mantenían la inquietud y la desconfianza. Así se explica que el comandante Tinoco haya dirigido suplicatorio al teniente Sierra de Nacaome para la captura del religioso agustino Fr. J. Castilla, de Tomás Alfaro Cordero y otro paisano, que caminaban en su compañía. Sierra le informó a Mallol el 13 de mayo que se les tenía por sospechosos de infidencia a la causa pública. Estuvo en Nacaome dicho religioso con los compañeros nombrados y con don Teodoro Carranza; pero su conducta no dio lugar a sospecha alguna. Llegó con otro compañero llamado Manuel Vera, y este, a los tres días, se fue a Comayagua con pasaporte del teniente. El religioso había tratado con Sierra cien novillos.

También en Tegucigalpa hubo recelos, porque el comandante de armas, don José Serra, mandó el 13 de mayo allanar las casas de la Villa para un registro conducente al real servicio.

CAPÍTULO XIII: TEGUCIGALPA Y COMAYAGUA

SUMARIO: 1. — Solicitud del Ayuntamiento de Tegucigalpa. 2. — Ventajas obtenidas con el restablecimiento de la Alcaldía Mayor. 3. — Mallol enfermo. 4. — Proyéctase la construcción del puente de Guacerique.

1. — El Ayuntamiento de Tegucigalpa, no obstante las inquietudes producidas por los sucesos de la costa sur, dirigió el 23 de abril una exposición al Superior Gobierno.

A fines de 1818, había recibido por mano de su alcalde mayor la real cédula de 24 de enero del mismo año, en que el rey aprobó la absoluta independencia del distrito de Tegucigalpa, del Gobierno e Intendencia de Comayagua, restableciendo la Alcaldía Mayor con las mismas facultades y atribuciones que tenía al tiempo de su extinción en el año de 1788, exceptuando solamente la parte militar.

El Ayuntamiento obedeció en forma la real cédula, y en su cumplimiento acordó remitirla a la Real Junta Superior, solicitando que no se hiciese novedad en el estado actual y que se esperase el resultado de las últimas providencias de 4 de junio de 1817, en que dicha Superior Junta consultó al rey sobre que se extinguiese la Intendencia de Comayagua, reduciéndola a mero gobierno militar situado en la inmediación del puerto de Trujillo, y que asimismo se instara en súplica a S. M. sobre que se dignara confirmar la absoluta independencia en todo, para que S. M. y la provincia de Tegucigalpa lograran las ventajas que debían resultar de la separación.

Instaba sobre que no se hiciera novedad en el estado actual para que no se comprometiera el resultado, porque habiéndose informado que convenía la extinción de la Intendencia de Comayagua, variar en el día en la menor parte el gobierno de Tegucigalpa sería causar innovaciones que estarían expuestas a alterarse en seguida si, como era de esperarse, el rey aprobaba la extinción.

En ello no experimentaba perjuicio el rey, pues los intereses de este no habían sufrido quebranto en la paga del sueldo del alcalde mayor ni habían tenido que suplir un cuartillo desde la erección de la

Alcaldía. Al contrario, había fondo sobrado para pagar su dotación, aunque se aumentara con la contribución que el común de mineros daba por su espontánea voluntad para el objeto.

Los adeudos a la Real Hacienda estaban cobrados casi en su totalidad, quedando solo por realizar lo que podía llamarse incobrable o lo que entorpecían las trabas que aun en el día ponía Comayagua. No había adeudos de atraso desde el restablecimiento de la Alcaldía.

La Provincia, separada de Comayagua, lograba la ventaja de tener un jefe y juez destinado solo a procurar los aumentos de S. M., el laboreo y auxilio de las minas de plata y oro que formaban su principal ramo de riqueza, la felicidad de los pueblos y la justicia distributiva, que es la principal parte en que se funda el bien de los súbditos de todo gobierno.

La Real Hacienda y el ramo de minería habían tenido bajas durante la anexión a Comayagua. Con la Alcaldía Mayor, desde 1812 empezaban a mejorar; y por los aumentos de platas, principalmente de 1817 a 1818, eran más crecidos los ingresos de quintos y otros arbitrios.

La corta dependencia que aún quedaba producía perjuicios. Carecía el distrito de los surtimientos de pólvora y salitre, material este último tan necesario para el laboreo de las minas, y del tabaco y demás efectos de la Real Hacienda.

El alcalde mayor se veía envuelto por un capitán que hacía de comandante accidental de armas, en términos que todos los asuntos públicos y particulares se veían confundidos por las gestiones de tal Comandancia; y su carácter y el de los jueces ordinarios oprimido y vilipendiado con amenazas de la fuerza armada e insultos los más groseros, según representaciones pendientes en la Capitanía General y Real Audiencia.

El distrito de Tegucigalpa estaba abandonado de la fuerza militar, sin armas las cuatro compañías del batallón de Olancho que mantenía, y sin defensa alguna toda la costa del sur, en el espacioso seno, desde la Conchagua hasta Choluteca.

No había resguardo para perseguir el contrabando, que se introducía públicamente por varias partes de la provincia de Comayagua.

Por todas estas razones, pedía el ayuntamiento la absoluta desmembración de Tegucigalpa, tanto en lo político como en lo militar.

2. — El alcalde mayor elevó la exposición del Ayuntamiento, apoyándola con otra suya de 30 de abril. Dice que en Comayagua había el concepto de que, al aprobarse la desmembración, se dejaba a la Alcaldía Mayor dependiente de aquella Intendencia en los ramos de Real Hacienda. Esto era un error. La Real cédula que hace a Tegucigalpa independiente de Comayagua, declara que es en los términos que lo estaba en el año de 1788, época en que no existía tal Intendencia.

Las alcaldías de América, aunque revestidas de más facultades que las de España, no todas tenían Subdelegación de Real Hacienda ni los ramos de gobernación y demás, y debían depender de la Intendencia; pero las oficinas por donde se despachaban los asuntos pudieron no tener en consideración que toda Alcaldía Mayor o Corregimiento, que era una misma cosa en el reino de Guatemala, dependía de la Superintendencia General, que residía en el jefe del reino.

Para prevenir todo inconveniente, se expresó en la real cédula la cualidad muy limitada de que, en lo que no alcanzaran las facultades y atribuciones del alcalde mayor por su propio oficio, según las que tenía en 1788, se entendiese en calidad de subdelegado de la Intendencia de Comayagua.

El alcalde mayor tenía en la época de la extinción de la Alcaldía las mismas atribuciones que la Junta Superior le señaló al determinar la segregación de los ramos de Real Hacienda por el decreto de 4 de junio de 1817 y las mismas que tenían todos los alcaldes mayores y corregidores del reino, dependiendo solamente de la Superintendencia General en lo tocante al gobierno, administración de justicia y ramos de Real Hacienda, y de la Tesorería General en lo relativo a la recaudación.

Confirmando lo dicho por el Ayuntamiento en cuanto a adeudos, expone que su antecesor, el señor coronel don Simón Gutiérrez, realizó en año y medio el cobro de treinta y cuatro mil trescientos veintiséis pesos, tres y un cuarto reales.

Y concluye pidiendo que siguiera el distrito sin hacerse novedad, que se pasaran desde luego a la Alcaldía los papeles que retenía Comayagua y le correspondían tanto en los ramos de Real Hacienda como en los civiles y demás; y que se liquidaran fondos de propios y de comunidades y se separaran y remitieran a Tegucigalpa las existencias, procurándose el cabal efecto del decreto de 4 de junio de 1817.

Sobre lo mismo envió el Ayuntamiento una exposición al rey el 24 de abril, con copia de la exposición dirigida a la Real Junta Superior de Guatemala.

Y a esta le dirigió otra exposición solicitando que, conforme a las Leyes de Indias, le diera permiso para satisfacer los gastos que ocurrieran, de los fondos de propios, señalándole entre tanto la cantidad con que debía habilitar a los apoderados que tenía en aquella capital y corte; pues los vecinos habían invertido cantidades crecidas en las gestiones para el restablecimiento de la Alcaldía, y ya no soportaban los gastos. El asunto era de interés común.

3. — Mallol estaba enfermo en estos días, pero no quiso abandonar el despacho en las críticas circunstancias en que se había visto la costa sur del distrito de Tegucigalpa.

Su enfermedad, la ausencia del escribano, que no regresaba, aunque ya lo había reclamado al gobernador de Comayagua, y las repetidas incomodidades que le ocasionaba la Comandancia accidental de Armas, habían causado atraso en todos los asuntos, con entorpecimiento del servicio público.

Para conseguir su cabal restablecimiento, poner corrientes sus cuentas y atender solo al curso de lo pendiente, dispuso salir al campo, a una legua de la Villa, por solo el tiempo preciso, para estar pronto a cualquier evento. Luego se proponía practicar la visita de la Provincia, sin embargo de estar próxima la estación de las aguas. El 5 de mayo dio cuenta de esto a la Superioridad, esperando su aprobación.

4. — No pudo Mallol efectuar su viaje al campo. Y no descansando su actividad en interés de la Provincia, la dirigió a otra mejora. Consideró, como era natural, tan necesario como el puente de Tegucigalpa otro en el río de Guacerique. El 12 de mayo reconoció varios puntos de dicho río, en unión del alcalde 1º y del encargado de dirigir el puente en construcción. Escogió un punto inmediato al

camino real, donde con dos bastiones en laja se podía poner por lo pronto un paso de madera, y donde más tarde se pondrían arcos. Este punto era el situado más acá del pedrón o paraje donde el pueblo de Comayagüela puso el año anterior su puente, que se llevaron las crecientes.

Mallol convidó a donativo voluntario a los inmediatos interesados para que dijeran cuanto darían o si no daba nada, en la inteligencia de que pronto iba a empezarse la obra y que era sin perjuicio de la ley 7, título 15, libro 4º de la Recopilación de Indias y de la 1ª, título 16 del mismo libro.

Don Francisco Irías, alcalde de la Santa Hermandad de los vecinos de Yaguacire, presentó una lista de contribuyentes, fechada el 3 de junio en la hacienda de Los Horcones. La suma suscrita por treinta y tres vecinos ascendía apenas a veintitrés pesos. [*]

El puente quedó en proyecto por entonces. Más tarde, el presidente de Honduras, general don José María Medina, acordó construirlo, y quedaron hechos hasta cierta altura los pilastrones. El presidente Dr. Don Marco A. Soto hizo elevar estos y construir un paso de madera. El presidente Dr. Don Policarpo Bonilla en 1898 dio remate a la obra, cerrando el puente con hermosos arcos de piedra de canto.

_____

[*] Véase la lista en el APÉNDICE VII.

CAPÍTULO XIV: NUEVAS ALARMAS EN EL SUR

SUMARIO: 1. — Regreso de las fuerzas enviadas a la costa. 2. — Representación del teniente y del cura de Nacaome. 3. — Buques enemigos cerca de El Realejo. 4. — Tránsito del gobernador intendente de Nicaragua.

1. — No habiendo vuelto a presentarse barcos enemigos en el Golfo de Fonseca, se dio orden de que regresaran las fuerzas que se habían situado en el sur para la defensa de aquella costa.

Regresaron, sin causar novedad, las fuerzas que había en Choluteca. No así las que había en Nacaome, por haber sido muy sensible su salida.

2. — El teniente, don Manuel Lucas Sierra y el cura, don Silvestre Tomé, representaron el 26 de mayo, al alcalde mayor, contra la inesperada salida de las tropas allí acuarteladas. Le decían que se había hecho demasiado pública la carta de los insurgentes dirigida al coronel de León, en que anunciaban volver en enero, sin más objeto que el de venir a quitar el yugo del rey de España. Y lo peor era la mala disposición en que estaban muchos sujetos de las provincias inmediatas "por la infección del diabólico espíritu de partido". Doce mil almas que comprendían los curatos de Choluteca, Nacaome y Guascorán, se hallaban expuestas; pero ellos procurarían la defensa hasta perder la última gota de sangre en honor de la religión y de la lealtad de los vasallos fieles al amado rey Fernando.

Añadían que los insurgentes de los buques que divisaron en el Pacífico, anduvieron tirando la sonda en los esteros inmediatos y formando mapas de aquellos mares, lo que indicaba que atacarían en la canícula próxima. ¿Cómo se defenderían? Sus hombres no tenían pericia militar; solo contaban con cuarenta fusiles y dos mil cartuchos. No había un soldado instruido ni un tambor por disciplinar a los voluntarios. Los enemigos eran aguerridos; pero les bastarían a los vecinos de Nacaome, veinticinco o cincuenta caribes, que eran soldados de valor, para salir a batalla, y más armas y más pertrechos. Si no era así, de más estarían las exhortaciones públicas y privadas. Los contrarios no dejarían tiempo ni de pedir auxilio, pues el mar estaba a menos de tres leguas, con infinitos puertos, y el enemigo no padecería ni escasez de víveres ni tendría que transitar por montañas inaccesibles ni por caminos escabrosos.

No obstante esta representación, no se dispuso que volvieran las fuerzas.

3. — La tranquilidad puede decirse que se mantuvo hasta el 4 de julio, en que Mariano Valenzuela, comisionado que en el puerto de la Conchagua tenía el subdelegado de San Alejo, escribió de León a Lorenzo Martínez, a aquel puerto, que en las cercanías de la bocana de El Realejo se habían visto tres buques, que se presumía eran enemigos de los que andaban en aquellas costas. La proximidad a aquella población le obligaba a evitar los perjuicios de la renta de su cargo, y le recomendaba que si se divisaban los enemigos hiciera trasladar en hombros de indios los tabacos que hubieran arribado al puerto, al pueblo en donde los considerara seguros; y si ya hubiera llegado la pólvora que en surtimiento enviaba la Dirección a aquella Factoría, la hiciera regresar a la Administración de San Miguel. El comercio de León recomendaba lo mismo con los intereses que se transportaban de la capital a aquella provincia.

El teniente de Nacaome trató de entenderse sobre esto con el de Choluteca. Don Justo José Herrera se hallaba haciendo unos inventarios en la hacienda "Las Hormigas"; pero, en su lugar, su hermano, don Próspero Herrera, tomó providencias para la defensa, mientras aquel regresaba, que sería dentro de dos días. En la citada hacienda se oyeron cañonazos el 10 de julio hacia la parte de El Realejo, punto a que estaba próxima. El teniente de Choluteca dio noticia a Mallol de lo sucedido.

Mallol comunicó el 15 de julio a Tinoco los informes del subdelegado de San Alejo y del comisionado del puerto de Conchagua. Tinoco le contestó que había dado las órdenes conducentes a los respectivos capitanes de voluntarios de Choluteca y Nacaome acerca de las disposiciones que debían tomar.

No se volvió a hablar de la presencia de buques enemigos en el Golfo de Fonseca.

4. — En estos días iba a pasar por las poblaciones del sur con dirección hacia León a tomar posesión de su cargo, el gobernador

intendente de la provincia de Nicaragua, don Miguel González Saravia. Mallol ordenó a las autoridades del tránsito que le facilitaran avíos y los demás auxilios que pidiera en su viaje; y les ordenó, además, que compusieran los caminos.

Esta orden deja comprender que ya la tranquilidad era completa respecto a aquellos pueblos. En cuanto a Tegucigalpa, el 6 de diciembre, el comandante don José Serra solicitó y obtuvo de Mallol orden de auxiliar al cabo Guadalupe Amador para recoger los fusiles del rey que se encontraban en poder de paisanos.

CAPÍTULO XV: ESCUELAS

SUMARIO: 1. — Proyecto de abrir escuela de primeras letras en Tegucigalpa. 2. — Muerte de la reina doña María Luisa. 3. — Requerimiento del cura de Guascorán sobre escuelas en aquel pueblo.

1. — El 23 de julio, el Ayuntamiento de Tegucigalpa manda pasar al alcalde mayor el padrón de niños aptos para la escuela de primeras letras, que presentó el procurador síndico. El resumen del padrón es este:

Españoles	55
Barrio Cuesta del Río	30
Barrio La Joya	46
Barrio La Plazuela	50
Barrio La Ronda	40
Barrio Abajo	37
TOTAL:	**258**

Con el padrón le remitió también tres oficios, que eran contestaciones del señor cura vicario, don J. Francisco Pineda, reverendo padre comendador, Fr. Manuel Ignacio González y reverendo padre guardián del convento de San Francisco de San Diego de Tegucigalpa, Fr. Buenaventura Martín, para que determinara lo que fuera de su agrado.

El primero de estos decía que, deseando se fundase la escuela de primeras letras, propuso que para ello se tomara del fondo superfluo que tenía la capellanía de Nuestra Señora de Concepción.

El segundo manifestó que le había escrito a su reverendo padre provincial para que se pusiera en corriente en el convento de San Francisco lo mando en la real cédula que le citó el Ayuntamiento: que expuso a S. P. R. los inconvenientes que había para realizar un proyecto tan útil; y que no obstante que los individuos del convento no formaban comunidad por no haber el número competente ni la rea cédula comprendía cátedra de filosofía, estaba de llano a hacerse cargo de su enseñanza, siempre que se le presentaran a lo menos seis niños suficientemente instruidos en Latinidad y el padre provincial prestara su consentimiento.

Y el tercero expuso que, para establecer una cátedra de Gramática en el convento, el Ayuntamiento se entendiese con su prelado superior.

2. — No le fue posible a Mallol resolver nada por lo pronto sobre el particular, con motivo de haber recibido en esos días la noticia de la muerte de la reina doña María Luisa.

María Luisa, hija de don Felipe, duque de Parma, que nació en 1754, contrajo matrimonio en 1765 con el príncipe de Asturias, hijo segundo del rey don Carlos III, y que, a la muerte de este, reinó con el nombre de Carlos IV. Esta mujer, cuya liviana conducta nadie sino el rey había ignorado, siguió a su marido, después de su abdicación en 1808, a Fontaineblau, luego a Marsella y finalmente a Roma, donde murió a los sesenta y cinco años de edad. [*]

Mallol, el 30 de julio se dirigió al subteniente Lardizábal, oficial único de la Compañía de la villa de Tegucigalpa y por lo mismo la legítima autoridad militar de ella, pidiéndole los auxilios que necesitara para el bando que se publicaría el lunes para los funerales y lutos por la reina.

Llama la atención el oficio dirigido, porque Mallol manifiesta en su texto que se queda con copia de él para ponerla por cabeza del expediente que formaría en el caso de que se le negara un auxilio que todo militar debía darle a la voz del rey. Pero no hubo motivo para realizar la amenaza.

3. — La escuela de primeras letras de Tegucigalpa se abrió pronto, asignándose una pequeña dotación al maestro. Pero no fue posible establecer en el convento de San Francisco las clases de Gramática y de Filosofía que deseaba abrir el Ayuntamiento.

No solo Tegucigalpa mostraba interés por la instrucción pública. El cura de Guascorán, don José Antonio Castejón, dirigió a Mallol un oficio el 25 de septiembre, en que lo requirió para que librase sus

---

[*] Véase DICCIONARIO ENCICLOPÉDICO DE LA LENGUA CASTELLANA, por Elías Zerolo y otros autores, París, 1895; y DICCIONARIO ENCICLOPÉDICO DE HISTORIA, BIOGRAFÍA, etc., por Luis Grégoire, París, 1884.

órdenes al teniente de aquel pueblo, con el objeto de que este funcionario redujese a poblado, en noviembre, a todas las gentes baldías que vivían en los campos y para que se abriese la escuela conforme a lo prevenido por el real acuerdo.

Se fundaba en las reales cédulas de 10 de mayo de 1770 y de 8 de noviembre de 1772, de 22 de febrero de 1778 y últimamente de la real provisión de 24 de enero de 1799, que mandaba se pusiera en cada pueblo escuela pública, concurriendo a ello simultáneamente los jueces reales y los curas.

De este beneficio útil a la religión y al Estado había carecido en muchos años aquel vecindario, con grave perjuicio y detrimento de la juventud, en la que había muchas personas de uno y otro sexo que, por carecer de los rudimentos de la fe, no podían confesarse ni casarse, pues por su desgracia eran hijos de unos padres ignorantes o abandonados que no les enseñaban la doctrina ni tampoco tenían recurso de escuela.

Dos veces la había entablado allí el cura con el vecindario, y por haber faltado este a los pagos de los maestros, no había tenido subsistencia.

Mallol no resolvió nada por entonces, a pesar de su interés en favor de la enseñanza.

CAPÍTULO XVI: EL PUENTE — ELECCIONES DE PEDÁNEOS

SUMARIO: 1. — Resumen de las cuentas de los gastos del puente. 2. — Estado de esta obra en octubre de 1819. 3. — Elecciones de pedáneos. Informes.

1. — Los trabajos del puente se hallaban ya muy adelantados en agosto de este año, y la obra estaba al concluirse. [*]

El resumen de las cuentas hasta el 2 de dicho mes, a contar del 30 de marzo de 1818, es este:

Cargo.....................................	4,352 pesos 7 ¾ reales
Data......................................	4,349 " 1 "
Alcance	3 pesos 6 ¾ reales.

2. — En octubre envió Mallol a Guatemala un dibujo que manifiesta el estado de la obra, al pie del cual escribió esta nota:

"Este puente proyectado hace años y valuado su costo en más de treinta y seis mil pesos por el señor gobernador de Comayagua, coronel de ingenieros don Ramón de Anguiano, se ha fabricado en el día, según su estado, de cal y canto y puntas de diamante, de piedra, con arbitrios y menos de seis mil pesos, siendo el primero en su clase en el reino, según la expresión del señor coronel de ingenieros, don Juan Bautista Jáuregui, que ha levantado el plano directivo, y se ha levantado con máquinas toscas y albañiles comunes, por falta de todo,

---

[*] Para algunos detalles de la construcción, se tuvo a la vista la obra hidráulica de Bails.

Este es probablemente *Benito Bails*, célebre matemático español que nació en Besos (Cataluña) en 1750. En París, donde se dio a conocer por su talento, lo nombró el embajador de España su secretario; tenía entonces apenas 24 años. A su regreso entró en la Academia Española y en la de la Historia, y fue profesor de Matemáticas en la Academia de San Fernando. En París había escrito en el *Diario histórico político*. Quedó paralítico de la mano derecha: pero se acostumbró a escribir con la izquierda y continuó sus trabajos. Murió en 1797. (Véanse los diccionarios citados en la página 105)

habiendo resistido ya las mayores crecientes. Los arcos son de ladrillo".

Mallol había pedido a la Superioridad que, del derecho de avería que cobraba el Consulado de Comercio, destinado a puentes, calzadas y caminos, se le diesen tres mil pesos para la conclusión de la obra; pero el Consulado dijo que, aunque se hallaba en la mejor disposición de ayudar, no se lo permitía el estado de sus arcas. El fiscal fue del mismo parecer, y se acabó por recomendarle a Mallol que él mismo arbitrara los medios que su celo le sugiriese para concluir el puente. Debido, pues, a Mallol y a los recursos que supo procurarse, la obra estaba casi concluida en octubre de 1819.

3. — El 3 de noviembre, Mallol dio instrucciones a las Tenencias para las elecciones de oficios pedáneos, las que se someterían a su aprobación; los tenientes debían, además, informarle del gobierno de sus jurisdicciones.

Don José Narciso Rojas le informó el 8 del mismo mes, que dejaba a don Antonio Lazo encargado interinamente de la Tenencia, y que este cumpliría sus órdenes sobre elecciones.

Los pueblos que elegían oficios pedáneos anualmente en aquel partido eran: Danlí, Teupasenti, Potrerillos, Jacaleapa y Alauca.

Los valles que se gobernaban por comisarios eran: Jamastrán, Zacualpa, Santa Ana, Linaca, Cuzcateca, Trapiche, Potreros y Vallecillo.

Don José Benigno Leiva, teniente interino de Cedros, en oficio de 15 de noviembre, manifestaba al alcalde mayor que había comunicado su circular a todos los ayuntamientos pedáneos comprendidos en aquella jurisdicción, y que, si hubiese de estar aún en el interinato al verificarse las elecciones, haría que sus instrucciones se observaran sin excusa y pretexto; y al que contraviniera, le impondría el correspondiente castigo.

Los pueblos y valles que abrazaba el partido, estaban gobernados por ayuntamientos y comisarías, así:

Valle de *Guaimaca*: había en él una reducción o aldea; y comisario y alcaldes.

Campamento: aquí solo había alcaldes

Palo atravesado: era valle; tenía su reducción gobernada por alcaldes.

Valle de *Guayape*: su reducción estaba gobernada por alcaldes.

Pueblo de *Orica*: tenía comisario y alcaldes. Este comisario gobernaba en primer lugar el pueblo, y en segundo lugar el valle de Guayape. El teniente pensaba, a no equivocarse, que también gobernaba hasta el Palo atravesado.

Valle de *Tapale*: tenía una regular reducción, solo gobernada por comisario, como también lo demás del valle.

Valle de *Yuculateca*: tenía su reducción y era gobernada con inclusión del dicho valle por un comisario.

Reducción de *Marale*: era de regular población, y gobernada por alcaldes. Había aún en ella bastantes laboríos.

Valle grande de *Siria*: tenía tres comisarías, con inclusión del Agua Caliente, que era como una reducción por su población muy regular. Vallecito de *Tuliapa:* estaba gobernado por un comisario.

En el mineral de *Cedros* había pedáneos. En el valle de *Talanga* había un rinconcito perteneciente a Cedros, llamado *Guante*; unas veces había allí comisario; lo más del tiempo no lo había.

El teniente de Texíguat, Ordóñez, dijo el 27 de noviembre que en aquel partido no había más pueblos que uno, y en él tres parcialidades de indios; tributarios, laboríos y mulatos.

Casi todo el año vivía solo el Párroco, porque era un pueblo sin comodidad para que se redujeran las gentes, principalmente los ladinos. Las cortas comodidades que había, inmediatas al pueblo, las tenían los tributarios.

Los valles que componían aquella aldea de mulatos eran Yauyupe, San Diego y San Marcos.

Los morolicas habían tenido su aldea, y la habían despoblado. En el día estaban en la inteligencia de poblarla, porque no se llevaban con los *guayapes* y *sandiegos*; les tenía puesto un comisario hasta verificarse la reducción, y el teniente, en la actualidad, estaba haciendo un camino de Texíguat a Morolica, porque nunca lo había habido bueno: todas las entradas de aquel pueblo son fragosas.

No hemos logrado hallar los informes de las demás tenencias; y si se han perdido, es lástima porque con ellos se habrían podido conocer. detalladamente las jurisdicciones todas que formaban la provincia de Tegucigalpa

CAPÍTULO XVII: ANEXIÓN DE GUASCORÁN A NACAOME

SUMARIO: 1. — Queja del teniente de Guascorán a la Real Audiencia. 2. — Informe del alcalde mayor. 3. — El licenciado Mallol anuncia que hará su visita a algunas de las tenencias, y pasa a Yuscarán. 4. — Muerte de Carlos II.

1. — A la Real Audiencia ocurrió Juan Ángel Arias [*], vecino del partido de Guascorán y residente en San Alejo, acompañando cierta representación, en que se quejaba de agravios que Mallol le había irrogado, separándole de la tenencia que desempeñaba en aquel vecindario y agregándola como antes al partido de Nacaome, a solicitud del teniente cura de este pueblo.

Arias decía que se le había precisado a retirarse a Comayagua, con el pretexto de que tenía en abandono a su mujer, acusándosele al mismo tiempo de una ilícita amistad que, *como frágil*, tuvo en Guascorán antes que se le confiriese el mando de aquella tenencia, suponiendo que aún subsistía, por lo que el alcalde mayor le siguió una sumaria escandalosa, cuyos procedimientos le habían hecho salir como fugo a presentarse en Tegucigalpa.

Allí contestó los cargos que se le hacían, entre otros, mala versación de dineros de Real Hacienda, y se le repuso, con dictamen de asesor, a la Tenencia; pero, como la idea de Mallol era que no continuase en ella, su reposición fue condicional, y pasado cierto término se le ordenó que dejase el mando y este se encargó al de Nacaome.

En julio del año de 1818, que estuvo en Tegucigalpa, había resultado en cinta una moza del estado bajo, cuyo padre, de oficio zapatero, le había dado a él posada en su casa. Ella declaró a su padre de donde provenía su estado, pero él no hizo novedad por entonces sino que continuó su trato y comunicación con Arias, a quien se refería la declaración de la moza. Además, se valía de sus servicios y le admitía las dádivas que solía ofrecerle por haberlo hospedado.

---

[*] Ejerció accidentalmente la jefatura del Estado de 1829 a 1830; véase *Gobernantes de Honduras*.

Cuando ella estaba para dar a luz, viendo su padre que Arias había sido despojado, con ultraje, de la Tenencia, y movido por los contrarios de este, lo acusó ante el alcalde mayor. Dicho funcionario, considerándolo reo de estupro violento, dio comisión al teniente de Nacaome para que, si había salido para Comayagua, enviase en su alcance y le hiciese volver de cualquier modo, manteniéndolo en clase de detenido en Guascorán, instruyéndole sumaria y embargándole todos sus bienes, como así lo verificó, sin oírle sus excepciones. El teniente dio cuenta con la sumaria; y cuando Arias esperaba que se le oyese, resultó la providencia de destierro que Mallol le impuso.

Quejábase de otros vejámenes y gastos y de las disensiones que con el escándalo se habían ocasionado en su matrimonio.

2. — La Audiencia pidió informe sobre todo esto a Mallol, y este dijo que bien pudo Arias interponer apelación de las providencias en que suponía haber recibido agravio, pero no lo hizo por el mérito de las dos actuaciones sobre delitos de una misma clase, que probaban su sevicia y reincidencia.

Dio principio el sumario por el oficio del provisor y gobernador del obispado, y habiéndose comprobado el amancebamiento, se proveyó que la Tenencia se encargara al teniente de Nacaome, como antes lo estuvo. Y así se verificó.

Pero no fue solo el mérito del sumario el que movió al alcalde mayor a separar de la Tenencia de Guascorán a Juan Ángel Arias. Había un oficio de Gutiérrez y una carta reservada del padre cura de Guascorán, en que este manifestaba que, por conciliarse con los partidarios de Arias, firmó un informe a su favor, el que ocurría en los autos. Si Arias hubiese meditado su conducta en Guascorán, y se hubiera reunido con su mujer, el alcalde mayor no habría tomado otra providencia que la de encargar al juez del partido estuviese a la mira de sus procedimientos; "pero su reforma fue un estupro en una joven de Tegucigalpa, hija de Rafael Estrada, quien se querelló criminal y civilmente contra él, e instándose el correspondiente sumario, se justificó, quedando el acusado convicto y confeso; y habiéndose el acusador apartado de la querella por no tener Arias como resarcirle los perjuicios, suplicó que este saliese de Guascorán y le dejase en paz con su hija, pagando las costas y deuda particular que le reclamaba".

A esta solicitud, y teniendo presente la real provisión de la Audiencia sobre reunión de matrimonios, estando Arias separado de su mujer hacía más de ocho años, a distancia de veinte leguas, el alcalde mayor proveyó como correspondía, y mandó pagar las costas de los bienes embargados, no habiendo alcanzado el valor de estos para completar la deuda particular que reclamaba el padre ofendido.

Si para removerlo del juzgado preventivo de Guascorán, clase de oficios que se proveían por el alcalde mayor bajo su responsabilidad, no era bastante el no ser Arias de su confianza por su conducta, "bastaba que fuera mulato, pues la ley prohibía que los mulatos obtuvieran estos nombramientos y tuviesen jurisdicción sobre indios y españoles". Añadió Mallol que era público y notorio que la mujer de Arias se hallaba en Comayagua, mendigando con cinco o seis hijos, sin poder lograr que su marido se le reuniera y la auxiliara.

Y los delitos de que se había acusado a Arias eran en aquella época seriamente perseguidos. Acerca de ellos dice el Dr. Don Alberto Luna, de Santa Tecla, República de El Salvador.

"Hecha la denuncia con el mayor sigilo, el juez eclesiástico proveía lo que juzgaba conveniente, y si el culpable era mujer iba a parar irremisiblemente a un convento, y si era hombre, a una cárcel o al destierro.

Tal fue el procedimiento empleado en 1770 con la señora doña Elvira Montúfar, acusada por su marido de adulterio ante el arzobispo de Guatemala, quien, sin fórmula de juicio, la condenó a siete años de reclusión en el convento de Santa Catarina. Y tal fue también la práctica seguida pocos años después con el sargento mayor del batallón de Olancho, don Pedro Sierra, sentenciado a setenta azotes en la plaza pública y a tres años de prisión en el castillo de Omoa, por haber sido denunciado del grave delito de no sacrificar al amor con su mujer".

El Dr. Luna [*] haciendo a la historia patria un buen servicio, comprueba sus asertos sobre el procedimiento a que alude, insertando el siguiente edicto:

---

[*] LA QUINCENA, *revista de Ciencias, Letras y Artes,* que, en San Salvador, dirige don Vicente Acosta: número 2, de 15 de abril de 1903, páginas 46 y 47.

"Nos, el Dr. D. Manuel Antonio Sandoval, abogado por los Reales Consejos y Vicario general de este Arzobispado, por el ilustrísimo señor Dr. D. Pedro Cortés y Larraz, del Consejo de S. M., arzobispo de esta diócesis, etc.

Por cuanto, con consideración a los gravísimos perjuicios que resultan a la Iglesia, al Estado, se halla sabiamente prevenido por disposiciones canónicas y leyes reales que no se permita el establecimiento y permanencia de personas casadas, que vivan en distintos lugares separados de sus respectivos consortes, sin justos títulos y causas legítimas, que las indulten de su cumplimiento; para que tengan el más exacto y debido, mandamos a los comprendidos en esta prohibición, ya sean hombres ya mujeres, se delaten y presenten ante Nos, para exponer y examinar los motivos sobre que funden su residencia y la falta de tan precisa obligación; lo que ejecutarán en el término de dos meses, con apercibimiento de que, pasado, se procederá contra los inobedientes y omisos por todo rigor de derecho; asimismo mandamos a los que tuvieran noticia de semejantes personas caídas, nos lo manifiesten y pongan en la nuestra, pena de excomunión mayor; y para que ninguno alegue ignorancia, se publique este edicto *inter missarum solemnia*, fijándose en los sitios acostumbrados, cuya providencia se entienda general en todo el arzobispado, remitiéndose circularmente los testimonios o ejemplares necesarios.

Fecho en la ciudad de Santiago de Guatemala, en catorce días del mes de abril de mil setecientos sesenta y nueve años.

DR. MANUEL ANTONIO SANDOVAL

Por mando del Sr. Provisor y Vicario general,

BARTOLOMÉ DE ÁLVAREZ Y SOTO
Notario receptor".

La ley 8, título 3°, libro 7° de la Recopilación de Indias, prevenía a los virreyes, presidentes, audiencias y gobernadores que con mucho cuidado procuraran en Indias que todos hicieran vida con sus mujeres, haciéndolos ir y cohabitar con ellas, usando del mismo rigor que con los casados que las tenían en España. La ley 14, título 1º, libro 2º, disponía que los virreyes y alcaldes del crimen pudieran conocer sobre lo contenido en las reales cédulas y provisiones para que los casados residentes en las Indias y no hacían vida maridable con sus mujeres fueran desterrados. Y con vista de estas leyes, de la ley 15, título 7º, libro 7º y de otras, aplicables al caso, la Real Audiencia no podía menos que aprobar lo hecho por Mallol respecto a Juan Ángel Arias.

3. — El 7 de diciembre el alcalde mayor anunció su próxima visita a los pueblos de su jurisdicción. Les decía que este acto era solemne, y los pueblos, tanto de indios como de ladinos, debían prepararse a recibirlo en la raya de su distrito o término, despidiéndole en la otra por donde saliera, llevando el clarín de estilo, como sucedía en todas las alcaldías y sucedió en la de Tegucigalpa cuando hubo aquí alcalde mayor hasta el año de 1788. Esta circunstancia era una demostración del respeto a la soberanía del monarca, a cuyo nombre ejercían los jueces la autoridad, y no un efecto de ostentación particular como malamente podía interpretarse. En el verano que principiaba solo practicaría la visita correspondiente a los partidos de Yuscarán, Texíguat, Choluteca, Nacaome y San Antonio.

Ya el 20, Mallol se hallaba en Yuscarán, pero pocos días después se sintió enfermo, y dejó el comienzo de la visita para el mes siguiente.

4. — Por este tiempo se participaba de España la noticia de la muerte de Carlos IV, ocurrida, como la de su esposa, en Roma. Falleció el 28 de noviembre de 1819. Durante su reinado fueron abrogadas todas las sabias reformas de Carlos III, en el momento en que empezaba la revolución en Francia. Abandonó Orán a los piratas de Argel; procuró salvar a Luis XVI; tuvo que defender a España de los franceses que, después de las victorias que obtuvo sobre ellos el general Ricardos, se rehicieron e invadieron a Cataluña y las provincias Vascongadas; perdió con la paz de Basilea la parte oriental de Sant Domingo; devolvió a Francia la Luisiana, y la Trinidad a los ingleses, y perdió en Trafalgar lo mejor de las fuerzas navales e inmensos tesoros. Dominado por su esposa, y esta por Godoy, a quien se llamó el *Príncipe de la Paz*, firmó un tratado secreto con Napoleón, para el reparto de Portugal, entre el favorito Godoy, la ex reina de

Etruria y Francia. La insurrección de Aranjuez lo hizo abdicar; y posteriormente, atraído a Bayona, dio lugar con su conducta, lo mismo que Fernando, su hijo, con la suya, a que Napoleón colocara en el trono de España a su hermano José Bonaparte. Carlos IV, por el tratado de Bayona, debía recibir una renta vitalicia anual de seis millones y el palacio de Chambord. Permaneció en Francia de 1808 a 1811, y por último se trasladó a Roma con el permiso y a las órdenes de Napoleón. [*]

CAPÍTULO XVIII: VISITA DEL ALCALDE MAYOR

SUMARIO: 1. — Principio de la visita. 2. — Viaje de Mallol a León. Cartillas y catones. 3. — Visita de Nacaome. 4. — El cura de Guascorán. 5. — Visita de Pespire. 6. — Informe sobre la Factoría de Tabacos.

1. — Mallol, sintiéndose algo aliviado de sus males, dispuso el 6 de enero de 1820 dar principio a la visita general, llevando ramo separado de cada Tenencia. No quería perder de vista la obligación de procurar a toda la Provincia los adelantos de que fuera susceptible, como los había procurado particularmente en la construcción del puente de Tegucigalpa, y, durante el mayor ataque de su mal, en la obra que se había entablado de introducir el agua de beber en el mineral de Yuscarán, con toma formal, cañerías y pila.

No hemos podido encontrar el acta de la visita de aquel partido. Solo hemos hallado la noticia de que el 1º de febrero, de regreso en Tegucigalpa, anunciaba a los pueblos que, continuando la visita de la Provincia, saldría de la Villa el 3 para el pueblo de Suyapa, debiendo pasar el 6, en la tarde, al mineral de San Salvador, el 7 a la reducción de Jacaleapa, el martes 8 a la de Yaguacire, y, antes del domingo 13, al pueblo de Ojojona. Tampoco se halla el acta de visita de estos lugares, aunque sí hay noticia de que no practicó la de Ojojona.

2. — Habiendo continuado enfermo Mallol, dispuso, en busca de salud, ir a León. Poco antes de su partida, recibió de don Fernando Palomo, contador general de propios, una comunicación de 18 de marzo, en que, contestando la suya de 6 del mismo, le dice que se entregaron al licenciado don Domingo Diéguez doscientas cartillas y cien catones para el surtimiento de las escuelas de la provincia de Tegucigalpa, siendo el costo de las primeras cincuenta y cuatro centavos de real cada una, y el de los segundos, a dos y tres cuartos reales, el de treinta y cuatro pesos, tres reales. Sumaban ambas partidas cuarenta y siete pesos, siete reales, que debía remitirle para reintegrar a la caja de censos, de donde se tomó el costo de la

impresión, con esta calidad. El alcalde mayor debía sacarlo de las cajuelas de los pueblos a quienes se surtiera.

No enviaba Palomo los catecismos, por no haberlos en aquella Contaduría ni acostumbrarse a dar a las escuelas de indios.

En orden al restablecimiento o entable de las escuelas en los pueblos de indios de que, con motivo de la visita territorial del partido, estaba Mallol tratando, era indispensable que, con arreglo al real auto acordado de 10 de mayo de 1806, que se circuló generalmente a todas las provincias, y con especialidad al contenido de los párrafos 1 y 8, consultara al Tribunal de la Real Audiencia sobre las escuelas que entablara o restableciera siempre que excediesen de cien tributarios o contribuyentes a su fondo común, los que hubiera en el pueblo.

El maestro a quien se encargara la enseñanza debía tener las circunstancias que se requerían para el caso y, de acuerdo con el padre cura, debía nombrarlo el alcalde mayor y asignarle la dotación que hubiera de disfrutar, con proporción a los ingresos anuales del pueblo y al número de niños que asistieran a la escuela; procurando que siempre quedara algún sobrante en su cajuela para ocurrir a las necesidades urgentes que pudieran sobrevenirle, requisitos con los cuales merecería la aprobación del Tribunal.

3. — Mallol efectuó su proyectado viaje a León [*], pero el 23 de mayo, de regreso en Choluteca, determinó, por seguir enfermo y ser larga su duración, visitar solo aquel curato, el de Nacaome y el de

---

[*] Mallol dejó la siguiente copia de la certificación que se le extendió acerca de su enfermedad:

"Don Francisco Quiñonez, profesor de Cirugía y Medicina, Dr. en esta facultad y primer catedrático de ambas en esta real universidad.

Certifico: que he asistido en su enfermedad al señor don Narciso Mallol, alcalde mayor de Tegucigalpa, quien padece hace 18 meses de obstrucciones en el bajo vientre y tubérculos en el pulmón, acompañados de tos y mucha extenuación en todo el cuerpo, lo que ha sido causa de la gran debilidad en que se halla. Siento estos males de muy difícil curación en este clima, considero que le será muy útil regresarse a España, porque la navegación es el recurso más seguro para curarse de sus males, a que pueden también contribuir los aires nativos de la península.

Y para que conste, a pedimento del interesado doy el presente.

León, mayo, etc."

Ojojona, de donde se dirigiría a Tegucigalpa, para continuar después la visita de los demás puntos.

No aparece el acta de visita de Choluteca.

El 1º de junio llegó Mallol a Nacaome, y el 2 comenzó la visita, que duró hasta el 8, oyendo demandas y administrando justicia, y celebrando juntas con los españoles de dicha población, padre cura interino don Silvestre Tomé y los comunes pardos e indios.

Trató con ellos los puntos concernientes al orden y al fomento, y especialmente el de escuelas, que había procurado establecer desde que tomó posesión de su mando. Y logró que se diese principio a la enseñanza pública el 7, día en que las justicias de pardos presentaron treinta muchachos de todas edades. Esta enseñanza quedó a cargo de don Cornelio Valle, a quien nombró maestro con la dotación de doce pesos al mes mientras se realizaba fondo para poder aumentarla, y aumentar el número de niños. Señaló para el pago de este salario el fondo formado por donativos voluntarios del citado padre cura, su coadjutor, don Miguel Venerio, los españoles y el común de pardos.

Dio órdenes y disposiciones para que se redujeran las familias que vivían esparcidas por los campos, verificándose la reducción en el paraje mandado años antes, donde, a esfuerzo del vecindario, se estaba levantando la nueva iglesia por no haber otros fondos a causa de haberse vendido las cofradías por la consolidación y no contribuir en nada las cajas reales para estas obras.

Para mejor orden y policía de la población, señaló a cordel la plaza pública y calles inmediatas a ella mandando que así se ejecutase para las demás: debiendo levantarse de teja las casas sobe las bastantes que ya había construidas.

De la inspección a los edificios resultó que aquella población no tenía más que un pedazo de cañón por iglesia, por haberse arruinado y caído con el tiempo la que había, y que no contaba con más edificio público que una casa cabildo de 22 varas de largo, con tres piezas, una que servía de sala de juntas y dos de cárceles de hombros y mujeres. Su construcción era de adobes y teja, y se había levantado a esfuerzos de españoles y ladinos, hacía como cuatro años.

Nacaome está situada a dos leguas de los esteros que salen al seno de Conchagua que tiene al sursuroeste y en línea los dos cerros o Islas del Zacate y el Tigre, de la comprensión de la misma, según la demarcación que Mallol formó con la aguja, por carecer de otro instrumento. Está el pueblo de Choluteca a doce leguas en la línea sureste, cuarta al sur; el de Pespire a cuatro leguas al noreste, cuarta al este; el de Guascorán a nueve leguas al noroeste, cuarta al oeste, y la reducción de La Venta a once leguas en la dirección del camino real de Tegucigalpa, en línea al noreste, cuarta al norte; y el cerro de Conchagua al suroeste, cuarta al sur.

Componíase su población de 611 familias, según padrones formados de su orden el año anterior: 18 de españoles, la menor parte con haciendas pingues de ganado vacuno y alguna crianza de caballar y mular, como también cortos rebaños de carneros, y el resto, a excepción de una pobre, con hatos de la misma crianza, que les proporcionaba la subsistencia. De las 593 familias restantes de pardos, doce contaban con competentes bienes de ganado vacuno y algo mular y caballar; cuarenta con menor número, y todos generalmente con sus fincas de plátanos, esto es, los acomodados ya referidos. Al resto de la población no le faltaban en general algún corto número de vacas para ser esta crianza y la siembra de milpas el único objeto de agricultura en que se ocupaban. También dedicábanse a fabricar sales. Y había entre todas las familias, cinco oficiales carpinteros, diez tejedores de algodón, cuatro sastres, cuatro zapateros y dos herreros.

Hay tres montañas en la línea de la costa, o sea una dividida en tres partes: la del Común, comprada con el nombre de El Espino, y las otras dos de particulares, llamadas El Tular y Escalate, en las que se crían buenas maderas de caoba y cedro, pero se hallaban destruidas.

El término de Nacaome comprendía nueve leguas a lo largo desde la parte de Choluteca a Guascorán, y de seis hasta diez leguas en la línea desde el mar al centro de la tierra. Los particulares poseían este término, a excepción de cuarenta y una caballerías que el común de pardos poseía tituladas, sin que tuvieran los ejidos para las siembras y pastos que detallaban las leyes. Este término comprendía los valles de Guacirope, San Antonio, el Agua Fría, Agua Caliente, Tamarindo, Rosario, San Lorenzo, Montaña, Guacirope Arriba, Coray, Monte Oscuro y Marilica; y le bañan los ríos Guacirope y Grande, que impedían el paso con frecuencia en el invierno, usándose solo de canoa para su tránsito por no poderse poner la barca a causa de su mucha anchura y corriente ni puentes por su excesivo costo, pudiendo ser navegables en el invierno, pero con poco provecho, tanto por la corta distancia como por la inmediación de los esteros y puertos.

La policía se hallaba en la mayor decadencia por el desarreglo de calles, ningún orden de casas, aunque las más eran de teja, y por la multitud de animales de la clase de cerdos, vacas, gallinas y perros que en ellas se criaban. Eran repetidos los bandos de buen gobierno publicados sobre el particular, y Mallol reencargó su observancia al teniente de alcalde mayor, al del curato y al común de pardos.

Los caminos, que eran naturales, se hallaban compuestos de los perjuicios que causan las aguas y el tránsito, proporcionando las llanuras generalmente y las haciendas toda comodidad y abrigo; pero sin que hubiera posada ninguna, venta o tambo en los largos tránsitos de un pueblo a otro, por lo que habiendo meditado el punto y conferenciado con los vecinos acerca de la utilidad que podía resultar, Mallol mandó que se formaran dos reducciones, una en el Agua Fría a la parte de Guascorán y otra a la de Choluteca, al paso del río sobre la hacienda de El Guayabo; las cuales no solo facilitarían la comodidad en los tránsitos para la capital del reino y provincia de León, sino también la seguridad de los caminos y el que las gentes pudieran cuidar sus posesiones y siembras.

El temperamento caliente de costa, pero sano, podría producir otras siembras, a más de las maíz y plátanos, como el algodón que le da con vicio y el añil que le dio en otro tiempo; pero nada se podía conseguir por falta de fondos públicos e inclinación, careciendo aquel partido de las ventajas que podrían proporcionarle once puertos que hay en el seno de Conchagua, con la extracción de frutos y maderas a los demás del reino y a los de México y Lima, sin que hubiera industria alguna más que la corte popular, reducida a tejer las mujeres piezas de manta y enaguas.

El reino mineral podría producir ventajas por haber minerales de oro y plata, pero sin uso o falta de laboración y proporción de construir molinos en los ríos que los bañan, los cuales serían igualmente útiles al reino vegetal, proporcionando cómodo riego. [*]

_____

[*] Véase el APÉNDICE VIII.

Mallol concluyó su visita reencargando al teniente y justicias el cuidado de las buenas costumbres, policía, seguridad pública y la recta administración de justicia.

4. — Don José Antonio Castejón, cura de Guascorán, procuró aprovechar en favor de esta reducción la permanencia de Mallol en Nacaome; y le escribió el 7 de junio, manifestándole que había tratado de establecer escuela en ella, con arreglo a la real provisión de 24 de enero de 1799, y que no le había contestado.

En dicha reducción no había fondo para la escuela, pero le parecía al cura que, penando a cada cabeza de familia y a cada casado a dos reales, no dejarían de recogerse cada año algunos ciento cincuenta pesos, que podían entrar en arcas de comunidad.

Con esto podía haber para el pago de la escuela y subvenir a las necesidades públicas del vecindario.

En la reducción de Aramecina hubo escuela el año pasado, pero no la había en el presente. La habían dispuesto los alcaldes y cabildo de dicha reducción, sin dar parte al juez real ni al cura; pero no se hizo alto en ello, porque resultaba en beneficio público.

No hemos hallado documentos que den a conocer el resultado del oficio del señor Castejón.

5. — Mallol, concluida su visita en Nacaome, se dirigió a Pespire, a donde llegó el 9. Estuvieron presentes en la visita de este pueblo, que duró dos días, los comunes de indios, laboríos y pardos.

El alcalde mayor recorrió la población e inquirió de dichos comunes y de los españoles que allí había todo lo concerniente al orden y al fomento y lo relativo a escuelas.

Pespire tiene a Nacaome al suroeste, cuarta al oeste; Choluteca, al sureste, cuarta al sur; y la reducción de La Venta al norte.

Había escuela pública a cargo de don Felipe Landa desde abril último, con la dotación de doce pesos mensuales que le pagaban de la contribución voluntaria de españoles y ladinos; por esto Mallol encargó se llevara a efecto la formación de fondo de comunidad que tenía acordado por punto general para que de esta manera fuera subsistente el pago. A la enseñanza concurrían veintidós niños de todas edades. Mallol encargó se aumentara el número, y que concurrieran los de la clase de indios.

La población tenía ocho indios tributarios, diez laboríos y trescientas dos familias, cuarenta de españoles y las restantes de ladinos.

El común de ladinos tenía una casa cabildo levantada hacía tres años por españoles y ladinos, de 16 varas de largo y 9 de ancho, con una pieza para las juntas y otra que servía de cárcel, sin más seguridad que el troso o cepo y tres pares de grillos; dicho edificio era formado de horconería y bahareque y cubierto de teja. Tenía también una casa mesón en galera, de horconería, cubierta de teja, con corredor, de doce varas de largo y ocho de ancho. Mallol la mandó concluir y aumentar para proporcionar toda comodidad y hospedaje.

La clase de indios tenía envarillado un edificio de horconería para cabildo, de siete varas de largo y seis de ancho. Y otro, el de la de laboríos, de seis varas de largo y cuatro y media de ancho. Mandó concluir estos pequeños edificios y dio órdenes para que con el tiempo pudiera formarse cárcel segura, de cal y canto.

Las clases de indios y lo mismo las demás tenían los instrumentos que necesitaban para sus labranzas y trabajos, consistiendo el modo de vivir de los indios en siembras de milpas y en ocuparse de jornaleros para la arriería y otros oficios.

Las clases de españoles y ladinos se ocupaban en siembras de milpas, cañas, platanares y arroces, en la arriería y en bajar a la costa a fabricar sales, con las que surtían principalmente las minas de la Provincia y además los principales partidos de la Comayagua.

Los españoles poseían hatos con ganados vacuno, mular y caballar, desde el número de cincuenta cabezas cada uno hasta el de doscientas.

Los ladinos tenían en su clase treinta y tres familias con competentes bienes de campo y entre ellos catorce platanares y cinco fincas de caña; cincuenta y cinco acomodadas de menos bienes, y diez sastres de aplicación, ocho carpinteros, y un herrero, sin más industria popular que el tejido de mantas que fabricaban las mujeres.

Colocado el pueblo entre cerros, su temperamento es caliente en menor grado que Nacaome, sano y regularmente seco.

De Pespire a Nacaome hay cuatro leguas, doce a Choluteca y ocho a La Venta, hallándose situado el pueblo en el punto de división de caminos para Tegucigalpa, Comayagua, Trujillo y Olancho, la capital por la provincia de San Salvador y el camino real para las provincias de León.

Carece de montañas y bosques, y le baña en su pie el río de Nacaome y el chiquito de Tapatoca, sin que puedan hacerse navegables por lo quebrado del terreno.

Las casas eran cubiertas de teja y paja, levantadas sobre horconerías, con poca comodidad generalmente.

La iglesia se hallaba arruinada, pero construyéndose a costa del vecindario. Celebrábase el culto divino en un cajón cubierto de teja, de veinte varas de largo y doce de ancho.

La policía estaba generalmente abandonada, por criarse en las calles toda clase de animales sin embargo de los repetidos bandos de buen gobierno.

Los indios tenían ejidos y el resto del término lo poseían españoles y ladinos, con título. Era su mayor extensión de 9 leguas de largo desde el punto del Salamar, en el lindero de Texíguat, y el ancho de 8 leguas desde el punto de Moramulca, en el curato de Ojojona, hasta el de Tapatoca, en el curato de Choluteca.

Consistía el caserío en más de cien casas.

No se conocían allí minas.

Mallol exhortó a que se cumplieran sus órdenes sobre reducir a poblado a todas las familias, exhortó a las siembras de frijoles, añil, y otras para que era propio el suelo, a la recta administración de justicia y a la vigilancia sobre todo forastero o pasajero.

6. — Mallol regresó a Tegucigalpa sin haber practicado, por su enfermedad, la visita de Ojojona. Mientras tanto, se había recibido de Guatemala noticia de que pronto se resolvería sobre la traslación de la Factoría de Comayagua a Tegucigalpa.

CAPÍTULO XIX: LA TENENCIA DE OJOJONA

SUMARIO: 1. — Terratenientes y colonos. 2. — Pueblos del partido: su descripción; sus producciones. 3. — Estado de las minas. 4. – – Caminos: necesidad de un puente sobre el río Grande entre Ojojona y Tegucigalpa. 5. — Ganado. 6. — Términos de jurisdicción de los pueblos; extensión del partido.

1. — Don Felipe Zelaya, teniente de Ojojona, en cumplimiento de la circular de 22 de febrero que insertaba la del Gobierno Superior del Reino, envió al alcalde mayor el 27 de junio una relación circunstanciada del estado permanente de aquel partido, sobre asuntos de interés público.

El partido estaba reducido a la miseria, por carecer las reducciones de ejidos y tierras comunes y estar sujetas al yugo de arriendos que acrecían sin regla y sobre el mismo trabajo de los habitantes, al arbitrio de los dueños de la tierra. Era incalculable el trastorno y daño que resultaba a las poblaciones del influjo que tenían los señores de la tierra con los pensionistas: temían estos caer en desgracia, perder su posesión o labor, y aquellos la contribución. Por esto no se habían entablado aún las reducciones mandadas formar nuevamente de El Calvario y San Buenaventura.

Era necesario, pues, el señalamiento de tierras, advirtiéndose que no las había realengas si no era un pedazo comprendido entre los linderos de Rosa, Andinos y Peraera, en El Boquerón y la posesión de Pedro Martín.

2. — Los pueblos del partido era Ojojona, cabecera, Santa Ana, Lepaterique, Sabanagrande y La Venta.

Ojojona estaba formada de indios y ladinos; tenía iglesia al reedificarse, cabildo sin pieza de cárcel; terreno desigual, sin arreglo de calles, de temperamento frío y húmedo. Los indios tenían tierras de ejidos, de ocotales, cerros y bosques sin producción vegetal de alguna utilidad particular. Había en ellas vetas de metales preciosos. Eran tierras propias para cría de ganado lanar y en algunos puntos para la siembra de trigo, maíz, membrillo, durazno y pera. Los naturales se empleaban como operarios de minas; las mujeres fabricaban cántaros, ollas y todo utensilio de barro, de que se surtían

115

todos los pueblos inmediatos. Los ladinos se dedicaban al oficio de artesanos. Los valles de San Buenaventura, de cuya reducción se trataba, Río Grande y El Plomo estaban habitados por pardos, que se ejercitaban en la labranza de azúcares y maíz; pero las tierras eran ajenas.

Santa Ana, pueblo de indios; con iglesia, cabildo y cárcel, situado a la falda de un cerro [*], sin arreglo de calles; de temperamento frío y húmedo. Tenían tierras de ejidos y comunes, de sabanas, cerros y bosques, sin producción vegetal particular, propias para trigo y maíz. Los naturales cultivaban estos granos y se empleaban también de operarios en las minas.

Lepaterique, de indios; con iglesia, cabildo y cárcel; situado a la orilla de una sabana, sin arreglo de calles; de temperamento frío y seco. Tenía ejidos y tierras comunes de sabanas, cerros, montañas y bosques; solo se encontraba la producción útil del cedro. Eran propias para siembras de maíz y trigo. Los naturales sembraban maíz; pero de preferencia se aplicaban al curtido de cueros y a fabricar sillas de montar para las mujeres, sobe albardas, cogenillos, cogenillones, etc., con que formaban comercio activo con toda la Provincia, parte de la de Comayagua y más con la de Nicaragua, para donde sacaban estos efectos en grandes cantidades.

Sabanagrande, de pardos; con buena iglesia, cabildo, cárcel y arreglo de calles. Por dos puntos le entran dos quebradas de agua, para el uso y riesgos, pudiéndose introducir hasta la plaza, que estaba en orden. De temperamento templado. Era hospedaje cómodo y casi preciso para las gentes de las provincias de Nicaragua y San Salvador y demás pueblos del sur, que se dirigían a Tegucigalpa, Comayagua, Olancho y Trujillo. Los habitantes no tenían tierras de ejidos y estaban sujetos a arriendos, no de fundos, sino de incultas, por lo que no se lograba vivieran de pie sino dispersos con considerables distancias: se dedicaban a labrar azúcares y frijoles. Las tierras inmediatas podían ser propias también para lino, cáñamo, café y cochinilla. Comprendía los valles Hato Grande y Sacaguato; el Calvario, Coyolar y Barajana, que debían formar reducción.

---

[*] El hermoso y elevado Cerro de Hule, desde donde se divisa el Golfo de Fonseca.

La Venta, de pardos; sin iglesia; con cabildo y cárcel; al pie de cerros borrascosos; sin arreglo de calles; de temperamento cálido y seco. No tenía tierras de ejidos y estaban sujetos también a las de arriendo, siendo estas propias para cría de ganado vacuno, cultivo de maíz, arroz, frijol y toda planta de tierra caliente. Era hospedaje en los mismos términos que la reducción de Sabanagrande.

3. — Las minas conocidas de plata eran Barajana, Guascarán, el Plomo y San Marcos. La primera se estaba laboreando, y no se lograba permanencia de metales ricos. La segunda y tercera se trabajaban, pero el teniente no sabía sus productos. La última estaba abandonada. Estos minerales no prosperaban en el tiempo presente por la pobreza de sus metales.

4. — Los caminos generales eran los ya expresados, y no necesitaban de otra compostura que despedrarlos dos o tres veces en el año, no habiendo abrevaderos por los altos y las honduras de los terrenos. Pero se necesitaba un puente en el tránsito de Ojojona a Tegucigalpa en el río Grande [*], que serviría también para todos los partidos del sur y provincias ya citadas, pudiéndose construir de madera o cal y canto. Otro puente se necesitaba en el río Verdugo, comunicación de los pueblos de Aguanqueterique y Guascorán. No había puntos navegables ni inmediatos a otras naciones.

5. — El número de ganado vacuno era de 6,403 cabezas; caballar, 863; y mular, 254, a excepción de o que había en la hacienda de Hato Grande, de cuyo número el mayordomo no quiso dar cuenta.

6. — Los términos de jurisdicción en cada pueblo no tenían igualdad ni se guardaba más regla que hasta donde habían señalado los tenientes a proporción de las distancias de unas y otras poblaciones. Los de todo el partido abrazaban de sur a norte sobre 24 leguas y de oriente a poniente 16.

El teniente manifestaba no alcanzar a proponer los medios que pudieran proporcionar la mayor industria y comercio del partido, según la circular pedía.

---

[*] En 1885 se construyó allí un puente de madera por el presidente don Luis Bográn. Una creciente se lo llevó recién inaugurado, y no se ha pensado en construir de nuevo.

CAPÍTULO XX: RESTABLECIMIENTO DE LA CONSTITUCIÓN

SUMARIO: 1. — Fernando VII se decide a jurar la Constitución de 1812. 2. — Pretensiones del capitán General Urrutia. 3. — Examen de un escribano. 4. — Jura de la Constitución en Tegucigalpa y los partidos. 5. — Convocatoria a Cortes. 6. — Acuerdo sobre la práctica de elecciones. Gastos de viaje de los diputados a Cortes. 7. — El diputado Sacasa.

1. — Obligado por la revolución que encabezó Riego, el rey Fernando VII declaró, por decreto de 7 de marzo de 1820, haberse decidido a jurar la Constitución promulgada por las Cortes generales y extraordinarias en Cádiz, el 19 de marzo de 1812. Y luego mandó convocar las Cortes ordinarias para los años de 1820 y 1821.

Estas comenzarían sus sesiones ordinarias el 9 de julio próximo, y entre tanto el rey procedía en todo con acuerdo de una Junta Provisional, compuesta de los señores cardenal de Borbón, general Ballesteros, obispo de Mechoacán [*], don Manuel Lardizábal, don Mateo Valdemoros, don Vicente Sancho, conde de Taboada, don Francisco Crespo de Tejada, don Bernardo Tarius y don Ignacio de la Pezuela.

Esta Junta estaba trabajando para el arreglo de todo desde el 9 de marzo, en que fue instalada, y era de tanta confianza para el rey como para la nación.

2. — En oficio del 13 de junio, el presidente y capitán general Urrutia, comunicaba al alcalde mayor de Tegucigalpa, que aún no había recibido noticia ni orden alguna de la Corte, relativas a las reformas en a las instituciones políticas que, por papeles públicos y cartas a particulares, se habían anunciado. Pero como se decía que, luego que los jefes superiores de América recibieran el decreto de convocatoria a Cortes, procederían según las instrucciones que se habían formado por la Junta, de aquí se infería que estaban expedidos

---

[*] Vivió mucho tiempo en Guatemala, y se recibió de abogado en la Audiencia de este reino.

los decretos de observancia de la Constitución, los que debían esperarse para proceder.

Recomendaba, pues, la prudencia y esperar las órdenes de la Corte. Así se había hecho en México y en Yucatán. Solo en la Habana y Campeche se había acelerado el juramento de la Constitución. Cuando esta se promulgó en 1812, fue jurada en Cádiz en 19 de marzo, y en Guatemala no se juró hasta 24 de septiembre. Entonces se hizo con la debida solemnidad, orden y sosiego.

Para que ahora no se pasaran tantos meses o no hubiese demora, había mandado Urrutia a todos los puntos por donde podían venir pliegos de oficio, que luego llegasen se los remitieran por correo extraordinario, y al recibir las órdenes pondría en ejecución cuanto se le previniera.

Así, los establecimientos constitucionales se pondrían en planta sin riesgo ni equivocaciones, porque poco se adelantaba con jurar la Constitución si no se establecían las autoridades que el sistema de la misma exigía.

Necesario era, por consiguiente, procurar, sin estrépito, que no se alterara el orden y evitar precipitaciones.

Recomendaba también Urrutia que, no por entregarse al arreglo interior, se olvidaran de los enemigos exteriores.

Por todas las costas se habían presentado enemigos, y era preciso recordar la resistencia que se les hizo en Trujillo y Omoa el año anterior, que honraría eternamente a los defensores de ambos puertos.

Era bueno que se disciplinaran las milicias, pues por ser gente del país, nadie con el interés que ellas se emplearía en sostener el honor y la fama al mismo tiempo que el juicio y la cordura que caracterizaban al reino de Guatemala.

Mallol, inspirado en estas ideas, recomendó a los tenientes de Choluteca, Corpus, Texíguat, Yuscarán, San Antonio y Yaguacire, que empleasen todo su celo para que el paso de un gobierno a otro en nada perjudicara a la tranquilidad pública.

3. — En medio de estas agitaciones, Mallol desempeñó una comisión de otro orden. El 30 de junio, en cumplimiento del auto que la Real Audiencia dictó el 21 de marzo, examinó a León Vásquez, de escribano, y habiéndole hallado hábil, le recibió el correspondiente juramento para servir el oficio de escribano público de Cabildo y

Juzgados ordinarios de la villa de Tegucigalpa, de conformidad con el real título librado a su favor. En la misma fecha entró en el uso y ejercicio de dicho oficio, por haber satisfecho las cantidades que se le detallaron por las gracias al sacar.

4. — El 8 de julio recibió la Constitución el alcalde mayor de Tegucigalpa. Urrutia, que pronto recibió comunicaciones oficiales, por acuerdo de 26 de junio, había mandado jurarla en el reino de Guatemala, y debería procederse a ello en las capitales, ciudades, villas y pueblos donde hubiera cabildo, conforme al decreto de las Cortes de 18 de marzo de 1812.

Mallol la hizo jurar en Tegucigalpa el 16 de julio. He aquí el acta:

"En el día de ayer se juntó el Noble Ayuntamiento, presidido del señor alcalde mayor, y en la Sal Capitular juraron la Constitución Política de la Monarquía, por su orden. Y en esta fecha se dijo una misa solemne en esta parroquia, con asistencia de los eclesiásticos que hay, del Noble Ayuntamiento y varios vecinos; y antes del ofertorio se leyó en alta voz la Constitución Política de la Monarquía, y en seguida se hizo una exhortación por el R. P. Predicador Fray Luis Hermosilla, y concluida la misa, el señor alcalde mayor, en alta voz, dijo al pueblo, volviéndose a él: *¿Juráis por Dios y por los Santos Evangelios guardar la Constitución Política de la Monarquía Española, sancionada por las Cortes generales y extraordinarias de la Nación, y ser fieles al Rey?* Y respondieron: *Sí juramos.* En seguida se cantó el *Te Deum.* Todo esto con la solemnidad debida, en que hubo salvas, y concluida se constituyeron todos los asistentes en casa del señor alcalde mayor, con repique de campanas. Doy fe. — LEÓN VÁSQUEZ".

En Choluteca se juró el 6 de agosto, en Nacaome el 13, en Aguanqueterique y Guascorán el 20 y en Yuscarán el 8 de octubre.

5. — El decreto de convocatoria a Cortes era del 22 de marzo, y se recibió con la instrucción sobre elecciones de diputados.

Mientras podían llegar a las Cortes los diputados que eligieran las provincias de Ultramar, se acudiría a su falta por el medio de suplentes, acordado por el Consejo de Regencia en 8 de septiembre de 1810, para las cortes generales y extraordinarias.

El número de estos suplentes sería con arreglo al mismo decreto, y hasta que las Cortes determinaran lo más conveniente, de treinta individuos: siete por todo el Virreinato de México; dos por la Capitanía General de Guatemala; uno por la isla de Santo Domingo; dos por la de Cuba; uno por la de Puerto Rico; dos por las Filipinas; cinco por el Virreinato de Lima; dos por la Capitanía General de Chile; tres por el Virreinato de Buenos Aires; tres por el de Santa Fe; y dos por la Capitanía General de Caracas.

Las elecciones de los treinta diputados suplentes por Ultramar, se harían reuniéndose todos los ciudadanos naturales de estos países que se hallaran en Madrid, en junta presidida por el jefe superior político de la Provincia, y remitiendo al mismo sus votos, por escrito, los que residieran en los demás puntos de la Península, a fin de que, examinados por el presidente, secretario y escrutadores que la misma junta eligiera, resultasen nombrados los que tuvieran mayor número de votos.

A fin de que la falta de electores de algunas provincias ultramarinas no imposibilitara la asistencia de su representación en las Cortes, se reunirían para este solo efecto los de las provincias más inmediatas de Ultramar, según el artículo 18 del citado reglamento de 8 de septiembre de 1810, en la forma siguiente: los de Chile a los de Buenos Aires; los de Venezuela o Caracas a los de Santa Fe; los de Guatemala y Filipinas a los de México; y los de Santo Domingo y Puerto Rico a los de la isla de Cuba y las dos Floridas.

Con el objeto de facilitar la elección de diputados de Cortes para las ordinarias de 1820 y 1821, se formaría una Junta Preparatoria en las capitales siguientes: México, capital de Nueva España; Guadalajara, capital de la Nueva Galicia; Mérida, capital de Yucatán; Guatemala, capital de la provincia de este nombre; Monterrey, capital de la provincia del Nuevo Reino de León, una de las cuatro internas del oriente; Durango, capital de la Nueva Vizcaya, una de las provincias internas de occidente; Habana, capital de la isla de Cuba y de las dos Floridas; Santo Domingo, capital de la isla de este nombre; Puerto Rico, capital de la isla de este nombre; Santa Fe de Bogotá, capital de la Nueva Granada; Caracas, capital de Venezuela; Lima, capital del Perú; Santiago, capital de Chile; Buenos Aires, capital de las provincias del Río de la Plata; y Manila, capital de las Filipinas.

En representación de las provincias que componían la Capitanía General de Guatemala, debían asistir a las Cortes diez diputados: uno por los partidos de Guatemala y Sacatepéquez, celebrándose la junta electoral de provincia en Guatemala; otro por los de San Salvador y Santa Ana, celebrándose la junta en la ciudad de San Salvador; otro por los partidos de Verapaz y Petén, celebrándose la junta en la ciudad de Cobán; otro por los partidos de Chiquimula de la Sierra y Zacapa, celebrándose la junta en el pueblo de Chiquimula; otro por los partidos de Chimaltenango y Sololá, celebrándose la junta en el pueblo de Chimaltenango; otro por los partidos de Sonsonate, Escuintla y Suchitepéquez, celebrándose la junta en la villa de Sonsonate; otro por los de San Miguel y San Vicente, celebrándose la junta en la ciudad de San Miguel; otro por los partidos de Chiapas, celebrándose la junta en Ciudad Real; otro por los partidos de Quezaltenango y Totonicapán, celebrándose la junta en el pueblo de Quetzaltenango; y otro en los partidos de Comayagua, celebrándose la junta en Comayagua.

Deberían nombrarse, además, tres suplentes: uno por Guatemala, otro por Comayagua y otro por Chiapas.

6. — La Junta Preparatoria de Guatemala acordó la forma en que debían practicarse las elecciones de diputados a Cortes y provinciales.

Como las Cortes de 1821 se abrirían el 1º de marzo, no era posible que se guardaran en las elecciones los intervalos que establecía la Constitución entre las juntas de parroquia, de partido y de provincia. Así, por aquella sola vez, se celebrarían las primeras el domingo inmediato siguiente al anterior que hubiera pasado después de recibida la convocación, pues en este daría aviso a los vecinos por los medios en uso el de que presidiera el Ayuntamiento de cada pueblo. Las juntas de partido y de provincia se celebrarían en los domingos siguientes, con el intermedio de tiempo que, atendida la distancia de los pueblos y la fragosidad de los caminos, se juzgara necesario en la actual estación de lluvias para que los vecinos pudieran concurrir sin embarazo. El día del aviso a los vecinos, el Ayuntamiento designaría las personas que deberían presidir las juntas de parroquia, y celebradas que fueran estas juntas, el que presidiera el Ayuntamiento daría parte al jefe político de la Provincia, de haberse ejecutado.

A cada diputado, para que dispusiera sin dilación su viaje, se le asistiría con tres mil pesos, con calidad de reintegro, al cuidado de la diputación provincial, que se tomarían del fondo de montepío de cosecheros de añil; quedando la ejecución a cargo del jefe supremo de la Provincia.

La elección de los diputados provinciales se haría por los electores de partido al otro día de haber nombrado los diputados de Cortes, por el mismo orden con que estos se nombrarían.

Componiéndose la Diputación Provincial de Guatemala de siete individuos, a más del presidente e intendente, se elegirían uno en aquella capital, otro en Ciudad Real, otro en Comayagua, otro en San Salvador, otro en Cobán, otro en Chiquimula y otro en San Miguel y San Vicente. Y al mismo tiempo en la misma forma se elegirían tres suplentes: uno por Guatemala, otro por Ciudad Real y otro por Comayagua.

7. — Las Cortes se declararon instaladas el 6 de julio, y el rey las abrió el 9, fecha en que prestó el juramento que la Constitución mandaba. Para representar a la Capitanía General de Guatemala fueron nombrados diputados suplentes don Juan Nepomuceno de San Juan, natural de Guatemala, y Canónigo de la Santa Iglesia de Palencia, y don José Sacasa.

Este comunicó al Ayuntamiento de Tegucigalpa que algunos de los suplentes pidieron, desde el principio de las sesiones, que se aumentase la insignificante representación supletoria que en el Congreso tenían las provincias de Ultramar. La segunda lectura de las proposiciones fue diferida, y al fin se consiguió que se verificase el 15 de julio; pero las Cortes no tuvieron a bien admitir discusión sobre ninguna de ellas. Sacasa tomó la palabra para protestar, pero no había concluido de decir la primera frase cuando se vio interrumpido por un fuerte murmullo entre los diputados de la Península, y el presidente lo obligó a callar. Viendo que se le coartaba la libertad de hablar, iba a fundar por escrito su protesta; pero también se le impidió esto y hasta se le prohibió que dejara su asiento y saliera del salón, aunque, según la práctica y el reglamento interior de Cortes, lo podía hacer todo diputado cuando mejor le pareciera. Poco después se levantó la sesión, y Sacasa dejó de asistir desde aquel día. A la fecha de su comunicación, 30 de agosto, no se había tomado providencia alguna para obligarlo a concurrir; ignoraba si en adelante se tomaría, y la gravedad y delicadeza del asunto lo tenían perplejo sobre el partido que había de seguir. Hubiera él presentado una exposición a las

Cortes, pero habiendo visto el resultado de la que, al día siguiente de su protesta, hizo sobre lo mismo don Antonio Xavier de Moya, diputado suplente por Lima, le pareció más conveniente permanecer en inacción hasta que se le obligara a obrar o el Ayuntamiento de Tegucigalpa y demás cuerpos que representaban el pueblo del reino de Guatemala, le comunicaran sus instrucciones.

Ningunas habían de comunicarle. Bien se veía qué clase de representación era la otorgada a estas provincias.

CAPÍTULO XXI: EFECTOS DE LA CONSTITUCIÓN

SUMARIO: 1. — Alguaciles y presos. 2. — Circular de Tinoco. 3. – – Un ahorcado en la cárcel. 4. — Don José Vijil. 5. — Abolición de la pena de azotes. 6. — Defensa de jurisdicción. 7. — Escuelas en San Antonio. 8. — Desconocimiento por Tegucigalpa de la Diputación Provincial de Comayagua. 9. — Comayagüela obtiene Ayuntamiento. 10. — Admisión de los mulatos a la ciudadanía. 11. — La seguridad personal y la libertad de imprenta.

1. — Desde que ingresó Mallol al servicio de la Alcaldía Mayor, solicitó la asignación de alguaciles de la clase de ladinos para el buen servicio y administración de justicia. El expediente se hallaba hacía tiempo en la Contaduría de Propios, por haberse resuelto que a los que sirvieran tal cargo se les debía pagar sueldo del fondo de Propios.

Habiendo recibido la real provisión de 1º de diciembre de 1818 en que, repitiéndose la prohibición del servicio personal, se declaraba a los indios obligados a dar alguaciles a los alcaldes mayores para la administración de justicia, se conformó con tener solo un alguacil para este servicio, sin embargo de que sus antecesores propietarios en el destino, habían tenido perpetuamente dos del pueblo indio de Comayagüela y otros dos del de San Miguel Tegucigalpa, que formaban un mismo suelo con la Villa.

Sin embargo de su moderación de no cargar a los pueblos, careciendo de ministros ejecutores al hacerse la publicación de la Constitución Política de la Monarquía, se vio despojado de este alguacil, y sin tener a quien mandar un acto de administración de justicia.

Los indios de Comayagüela, que le habían retirado el alguacil, al fin cedieron volviéndoselo, pero faltando a dárselo de los seis que elegían anuales.

Comayagüela daba, además, un alguacil semanario para el servicio de la cárcel y recoger las limosnas de comidas con que existían los presos. Este alguacil recibía por paga lo mejor de la comida y doce reales de salario cada semana, por habérsele subido cuatro reales más para que no alegase falta de sustento. Los indios de Comayagüela despojaron a la cárcel de un sirviente que le era tan necesario, y había habido ocasión de que se vieran los presos, por su falta, sin poder percibir los socorros ni tener quien les aseara el local.

El alcalde mayor no había podido hacer más, en todo su tiempo, que procurar modo de pagar los cuatro reales de aumento semanario y dar, de su corto haber, dos buenas comidas a los presos, todos los jueves. Por esto pidió al Superior Gobierno que resolviera lo más conveniente sobre el punto de alguaciles para el servicio del juzgado de su cargo y el de la cárcel.

2. — El 4 de septiembre, Tinoco mandó librar oficios a los jueces de Tegucigalpa, Gracias, Choluteca, Olancho, Olanchito, Yoro, San Pedro, Santa Bárbara y Trujillo, para que remitieran copias de actas de elección de electores. Mallol contestó que, aunque había pedido la independencia del Gobierno Político, haría que se cumpliera lo ordenado.

3. — En tiempo del alcalde mayor interino, don Simón Gutiérrez, a mediados de 1817, aparecieron en varios lugares públicos de la villa de Tegucigalpa, unos carteles que se estimaron subversivos. Se levantó proceso para averiguar quién era su autor. Con motivo del proceso, don José Francisco Villafranca, para evitar que el castigo recayera sobre un inocente, escribió a Gutiérrez declarándose autor de los carteles. Villafranca fue reducido a prisión, y oportunamente se le nombró defensor. Fue este don Miguel Eusebio Bustamante, quien, en un extenso alegato, sostuvo que Villafranca debía ser tenido por loco, y que, por lo mismo, debía estar siempre asegurado y tenérsele a la vista para evitar un escándalo o una revolución; por lo cual pidió que se le moderaran las penas que las leyes aplicaban a delitos tan enormes, cuando eran cometidos por cuerdos, y que se le aliviaran las prisiones.

Mallol encontró la causa pendiente, y la remitió a la Audiencia a fines de 1817. Parece que este Tribunal no volvió a acordarse de ella, después del dictamen de Zebadúa, de 8 de enero de 1818, en que indica lo que falta por hacer para su curso.

El 20 de septiembre de 1829, Villafranca amaneció ahorcado en la prisión. (*)

Mallol dio cuenta a la Audiencia de las diligencias que instruyó sobre aquel caso, raro por extremo en aquellos tiempos.

4. — El 5 de octubre, el alcalde mayor envió también a la Audiencia las diligencias que instruyó sobre haber tratado el que fue alférez real, don José Vijil, de mover a los religiosos contra la autoridad, a pretexto de que había dicho en una concurrencia pública que los padres eran enemigos de la Constitución. Mallol decía proceder con el mayor miramiento respecto a los religiosos, particularmente de San Francisco, porque recordaba las épocas de Totonicapán, en las que sufrió insultos repetidos; pero como estos continuaban, no podía dejar de ponerlos en conocimiento de la Superioridad.

5. — Por decreto de 28 de mayo, mandó el rey que se observara en todos los dominios españoles el decreto de las Cortes, de 8 de septiembre de 1813, que abolió la pena de azotes en todo el territorio de la monarquía española, extendiendo la prohibición a los párrocos de las provincias de Ultramar que usaban de este castigo para corregir a los indios, y a las casas y establecimientos públicos de corrección y escuelas. Porque la pena de azotes impuesta por las leyes a algunos delitos, había sido mirada con razón por los sabios criminalistas, como poco conforme a la decencia pública, y capaz, por sí sola, de arrancar del corazón del hombre los principios de pundonor que pueden hacerlo volver al camino de la virtud aun después de haberse extraviado por algún delito; y las Cortes miraron, además, esta pena como un símbolo de la antigua barbarie y un resto vergonzoso del gentilismo.

Mallol recibió e hizo publicar este decreto el 12 de octubre.

(*) Las diligencias que Mallol siguió acerca de esto, deben hallarse en el Archivo Nacional de Guatemala. Por tradición se sabe que se pudo salvar a Villafranca. Un acróbata mexicano a quien el día anterior habían puesto preso en la misma celda, declaró que Villafranca se había echado al cuello una cuerda que formó con las tiras de sus sábanas, la que sujetó a una de las vigas o tirantes de la pieza, y que no había podido impedir el acto, pues estaba dormido cuando lo realizó Villafranca. Al despertar, dio voces para que acudieran.

6. — En 20 del mismo, el alcalde Mallol dice al capitán general, respecto a la causa contra el sargento retirado, Jerónimo Valladares, por insubordinación y falta de respeto al alcalde mayor, que en el concepto de juez de partido no estaba sujeto a la Capitanía General, y no podía arrancársele el conocimiento de la citada causa si no era por el medio de competencia, ni mandársele directamente la remisión por Tribunal a que no estaba sujeto; y, menos en el día, en que expresamente estaba prohibido por las Cortes Soberanas despojar a los Juzgados de 1ª Instancia de las causas que ante ellos pendieran, ni pedírselas aun *ad efectum vivendi*.

7. — Preocupando en estos días el Ayuntamiento de San Antonio, con la apertura de las escuelas primarias, propuso que el padre de cada niño contribuyera con un real semanario para el pago del maestro, ya en moneda, ya en efectos comestibles para su manutención; debiendo entrar en la escuela sin pago alguno, aquellos cuyos padres o cuyas madres fuesen insolventes. Mallol estimó laudable el celo del Ayuntamiento, y lo facultó para la apertura de las escuelas.

8. — El 5 de noviembre se procedió en Comayagua a la elección de diputado de cortes, y salió electo el licenciado don Juan Esteban Milla, residente en Madrid. Fue electo suplente don Dionisio de Herrera. [*]

9. —Luego el pueblo, los ciudadanos y el Síndico se presentaron reclamando el cumplimiento del artículo 325 de la Constitución, para que se instalase Diputación Provincial; y sin embargo de que los electores resistieron a pie firma, se les intimó un auto muy fuerte del jefe político, don José Tinoco, para que cumpliesen; y en virtud de este auto se verificó la elección el 6, y salieron electos los diputados siguientes: por Comayagua, el señor chantre don José Nicolás Irías: por Tegucigalpa, don José Serra; por Gracias, don Jerónimo Zelaya [**]; por Choluteca, don Justo J. Herrera; por Olancho, el señor coronel don José María Zelaya; por Yoro, Olanchito y Trujillo, don Santiago Gotay; y por Tencoa, don José Francisco Zelaya. Fueron electos suplentes: por Comayagua, el licenciado don Pedro Nolasco Arriaga;

---

[*] Fue jefe de Estado de 1824 a 1827; véase *Gobernantes de Honduras*.
[**] Fue jefe del Estado en 1827; véase *Gobernantes de Honduras*.

por Tegucigalpa, don Miguel Bustamante; y por Gracias, el padre cura don Miguel Antonio Pineda.

El 10 de noviembre, congregados en Tegucigalpa, en junta de cabildo ordinario, el alcalde mayor y los señores del Ayuntamiento, el primero dijo que, por carta que había visto del elector del partido, don José Serra, resultaba que, formada en la ciudad de Comayagua la junta de elecciones para nombrar diputados de Cortes y de Provincia, el pueblo se presentó al Gobierno pidiendo que, en cumplimiento del artículo 325 de la Constitución Política, no se eligiese un diputado de provincia sino que se instalase Junta Provincial en aquella ciudad, habiendo pedido lo mismo, por escrito, el Síndico de aquel Ayuntamiento. Con esto recayó decreto del señor gobernador, mandando absolutamente que se procediese a la elección de diputados de Provincia, lo que se verificó por los mismos electores de partido.

Discutido el punto por el Cabildo, acordó, sin desconocer las razones que hubiera para solicitar que el distrito de Honduras se erigiera en provincia nueva, que el determinar esto correspondía a las atribuciones de las Cortes y que, por otra parte, en lo practicado se había procedido a un acto para el cual no tenían poder quienes lo ejecutaron; por lo cual el Ayuntamiento de Tegucigalpa no podía reconocer la indicada diputación. De todo esto mandó dar cuenta al jefe político y a la legítima Diputación Provincial de Guatemala.

Acerca de la diputación elegida en Comayagua, hubo muchas contestaciones; pero, al fin, el 25 de julio de 1821, don Joaquín Fernández Lindo [***], escribano público mayor de Gobierno y secretario de la Excma. Diputación Provincial de Honduras, remitió al Ayuntamiento de Tegucigalpa certificación de que, en aquella fecha y a las once del día, se había publicado en aquel Ayuntamiento la real orden de 14 de mayo, que declaró que debía haber Diputación Provincial en aquella provincia de Comayagua, comprensiva de toda la demarcación de su distrito.

9. – El común de indios de Comayagüela pidió al alcalde mayor que, en observancia de la Constitución, se procediera a la elección de

---

[***] Padre de don Juan Lindo, presidente que fue de 1847 a 1851; véase *Gobernantes de Honduras*.

su Ayuntamiento, pues Comayagüela tenía mayor número de vecinos que españoles había en Tegucigalpa, y esta villa tenía el suyo.

El alcalde mayor se había negado a ello, mientras no satisficieran el tributo del tercio de San Juan que, hasta entonces, estaban acabando de completar por los esfuerzos de sus hijos.

Por decreto de 22 de abril de 1820, se mandaba observar el de las Soberanas Cortes, de 2 de noviembre de 1802, relativo a cortar a los indos toda pensión gravosa. Y aquí se les cobraba el tributo, se les exigía la comunidad, de la cual habían entregado dos años, no habiéndose metido los fondos en la cajuela, lo que les hacía recelar de su inversión; y, lo que era más, se les obligaba a dar al alcalde mayor un alguacil, a quien no se pagaba ni se le daba la comida. Los intendentes no tenían tales sirvientes, y si don Simón Gutiérrez los pedía, les abonaba sueldo y manutención, y lo mismo habían hecho los alcaldes ordinarios.

Para poner remedio al mal, pedían que se tomara cuenta de los fondos de comunidad o se diese acerca de ellos aviso a la Diputación Provincial, y que, habiendo mandado S. M. eximirlos de todo tequio, se les libertara de dar al alcalde mayor el alguacil que exigía. Si este quería tenerlo, que lo contratase con quien voluntariamente quisiera servirle, ya fuera militar español, ya indio, ya mulato, pues, a la fuerza, ni al rey debían servir, ya que la Constitución declaraba que la nación española era libre e independiente, y no era ni podía ser el patrimonio de ninguna familia o persona.

Los alcaldes y regidores y demás común volvieron a presentarse, quejándose de que tres veces habían acudido al alcalde mayor sin resultado. La primera vez les dijo que les avisaría cuándo habría de ir a Comayagüela a poner Ayuntamiento. Nunca dio el aviso, y volvieron a presentarse: les dijo que se iba para Santa Lucía y San Antonio y que, al día siguiente de su regreso, pasaría al pueblo. Pasó este día, y se le hizo nueva representación: respondió que, mientras no pagaran el tercio, no pondría Ayuntamiento. Y ellos, ateniéndose al decreto de la rebaja de bula de 1812, creían que, conforme a la Constitución, no podían pagar reales derechos.

Por fin, habiendo declarado la Superioridad el lugar que debía darse a los indios en las elecciones de cargos públicos, como ciudadanos, y teniendo jurisdicción y término separado el pueblo de

Comayagüela, cuyo vecindario pasaba de mil almas, Mallol, que se hallaba en Santa Lucía el 17 de noviembre, mandó al alcalde 1° don Severino Retes que, por sí, o por otra persona, procediera a instalar el Ayuntamiento, para que se cumpliera la ley fundamental.

Don Andrés Lozano, alcalde 1° por depósito de vara, encargado de la Alcaldía Mayor por la ausencia de Mallol, y como tal, jefe político de la Provincia, se constituyó el 19 en la Sala Consistorial de Comayagüela, a efecto de que se nombraran los electores que debían elegir el Ayuntamiento. El día anterior había convocado por bando. Concurrieron todos los que quisieron, y a puerta abierta comenzaron a elegir a los 17 electores que indicaba el artículo 6° del decreto de 23 de mayo de 1812. Hecha la elección, se notificó, y se señaló el domingo 26 para que los electores comparecieran a la elección de un alcalde, cuatro regidores y un procurador síndico, según se prevenía en los artículos 4° y 7° del decreto de 23 de mayo citado.

El 26 de noviembre de 1820 volvió Lozano a Comayagüela y, conforme al artículo 34 de la Constitución y el artículo 7° del decreto de 23 de mayo de 1812, por ante el escribano León Vásquez, por no haber secretario, se constituyó con los electores en la Sala Consistorial y, a puerta abierta, procedió a la instalación de la junta. Esta eligió: alcalde, a Juan José Roque; regidor 1°, a Manuel José Gaitán; regidor 2°, a Serapio Cruz Ramos; regidor 3°, a Manuel Trinidad Hernández; regidor 4°, a Bernardino Valladares, y síndico, a Calixto Martínez. Estos prestaron el juramento con arreglo a la Constitución.

10. — Ante la Diputación Provincial de Guatemala, se presentó José Flamenco, vecino de Choluteca, quejándose de que, en la convocatoria para elecciones, excluyó a Mallol a los mulatos por descender de negros africanos. Y se acordó el 18 de noviembre decir al alcalde mayor que los llamados pardos o mulatos no deben, por sola esta razón, reputarse originarios de África sin preceder declaratoria hecha por quien correspondiese.

Mallol recibió la comunicación respectiva en Ojojona el 27 de noviembre; y en el acto proveyó que, siendo conforme la resolución a sus sentimientos particulares, para remover todo perjuicio que pudiera resultar a la clase de pardos o mulatos por las providencias o manifestaciones que hasta entonces hubiera habido de hecho,

133

siguiendo lo observado en los tiempos anteriores a la Constitución Política aun en esta misma provincia donde no se había admitido por ciudadanos a los pardos o mulatos, estos podrían entrar al uso de sus derechos en las elecciones parroquiales del día 3 de diciembre próximo y en las demás de Ayuntamientos. Y mandó que esto se circulara con inserción, se publicara por bando y se fijara en lugares públicos en todos los pueblos del distrito de la Alcaldía Mayor, para que obligase.

11. — El 7 de diciembre Mallol recibió la real cédula de 11 de marzo en que el rey, de acuerdo con la Junta nombrada por su decreto de 9 de este mes, declaró que, desde esta fecha, regía y se hallaba en toda su fuerza y vigor cuanto ella comprendía y especialmente en lo relativo a la seguridad personal de sus súbditos y a la libertad de la imprenta. A este fin se restablecerían inmediatamente en todas las provincias de la Península y de Ultramar las juntas de censura que existían en el año de 1814, con los individuos que entonces las componían, hasta que las Cortes, a quienes exclusivamente pertenecía, las confirmaran, o procedieran a nuevos nombramientos.

CAPÍTULO XXII: ÚLTIMOS MESES DEL GOBIERNO DE MALLOL

SUMARIO: 1. — Un regalo de Mallol a Santa Lucía. 2. — Mallol y Herrera. Don Esteban Guardiola, alcalde 1º Constitucional de Tegucigalpa. 3. — Fallecimiento de Mallol. 4. — Estado de Tegucigalpa a la muerte del alcalde mayor. 5. — La Alcaldía Mayor en depósito. 6. — Cultura literaria.

1. — Mallol ofreció al Ayuntamiento de Santa Lucía una imagen de Nuestra Señora de los Desamparados; y al recibirse esta en Tegucigalpa, dio aviso a dicho Ayuntamiento de su llegada y de los esfuerzos que estaba haciendo para su adorno y veneración y para la permanencia del culto en sus celebridades, donando el hato de San Antonio con sus bienes raíces.

El 15 de diciembre le escribió el Ayuntamiento, dándole, a nombre del vecindario, las debidas gracias, y ofreciendo hacer los esfuerzos posibles para aumentar la devoción con que se había de celebrar esta señora, no olvidándose de que, por Mallol, la había habido. Para esto iban a levantar una suscripción que produciría alguna suma considerable.

Le decían, además, que esperaban el aviso del día en que la imagen estuviese adornada para venir a Tegucigalpa a llevarla, y procurarían que fuera con la mayor decencia posible.

Esperaban la escritura para ir a recibir el hato, y poner cuidador en él.

Formaban este Ayuntamiento: Juan Rosales, Juan José Barrientos, Manuel Callejas, Jacinto Cabrera y Eduardo José Salgado.

2. — El año de 1820 concluyó para Tegucigalpa y sus autoridades bajo la influencia de las discusiones que en Guatemala sostenían "El Editor Constitucional" y "El Amigo de la Patria". Estas discusiones y los trabajos de don Dionisio de Herrera, secretario del Ayuntamiento, tenían los ánimos dispuestos en favor de la independencia. Con estos trabajos Mallol sufrió no pocos disgustos, pues creía que Herrera le era deudor de muchas consideraciones por la estrecha amistad que

cultivaban y que por esta amistad no debía emprender nada que fuera contra el orden establecido.

Llegó el año de 1821. El lunes 8 de enero se presentó en casa de Mallol el individuo Ignacio Jirón. Parece que este le refirió algo de la conducta de Herrera, y que no tuvo reparo en manifestarle que Herrera había osado amenazarlo hasta con emplear sus propias manos. Esto le produjo tal cólera a Mallol que cayó redondo, sin sentido, a los pies de Jirón. Mallol, que estaba gravemente enfermo, sintió, al recordarse del ataque, una desazón agudísima y dispuso cambiar de aires, pero teniendo en mira siempre el servicio público.

Bajo las desagradables impresiones que le causó el relato de Jirón, contestó el 11 de enero dos oficios que le dirigió el Ayuntamiento para que manifestara que existencia tenía de caudales destinados a la obra del puente. Expuso que no había manejado caudales para dicha obra, pues los tesoreros habían recogido donativos, multas y demás, y él solo una pequeña cantidad que recogió durante su ausencia el alcalde don Serapio Galindo y cien pesos de don Manuel Antonio Vásquez, que no había entregado porque este los dio para que los invirtiera en la obra del puente como le pareciera, sin que nadie tuviese que tomarle cuenta. Expuso, además, que Galindo le gastó en la obra más de veinte fanegas de cal, que el donativo por este recogido no llegaba a cubrir los suplementos que había hecho en las dos semanas primeras de trabajo, y que el resto de los cien pesos lo tenía destinado al pago del albañil que trabajara las barandillas, estando prontos para este caso.

Luego salió Mallol con dirección a Sabanagrande y Guascorán a entablar los Ayuntamientos y a otros objetos de servicio público. Del primero de dichos pueblos escribió el 19 de enero al gobernador y capitán general Urrutia, pidiendo licencia para separarse de la Alcaldía y quejándose de don Dionisio de Herrera. Decía que este en menos de un año que hacía, de haberse avecindado en Tegucigalpa, solo se había empleado en mover partidos contra la autoridad, porque su espíritu solo caminaba al plan de independencia absoluta. Le atribuía estar íntimamente ligado con el escribano don Joaquín Lindo, a quien, según expresaba, se debían los males de la provincia de Comayagua como a aquellos de la provincia de Tegucigalpa. Le atribuía también que buscaba el desorden para confundir cuanto había manejado, durante una época como de veinte años, de los bienes de cofradías, renta decimal y otras, pues con la independencia no habría quien pudiera tomarle cuentas. Y temiendo morir de una cólera como se lo había anunciado los médicos de León y pasando por alto los méritos que tenía contraídos desde el año de 1799 que servía al rey a la nación en destinos distintos, pobre después de diez años que pisó este suelo, concluyó que había resuelto solicitar la plaza de juez de letras interino de Chimaltenango o, en su defecto, de la Antigua Guatemala, porque con la separación de los objetos desagradables y la mudanza de temperamento, regresando a los conocidos, si no conseguía adelanto en su carrera, lograría a lo menos libertar la vida, pendiente de un momento no más.

El 6 de febrero repitió de Nacaome su solicitud de licencia para ir a la capital. Extremaba su disgusto diciendo que "sin poder caminar dos cuadras por llano, le era más favorable caminar por derrumbaderos con su familia". Y en cuanto al estado de la Provincia decía que era tranquilo, pues no había más que cuatro díscolos a quienes podía ponerse en orden por medio de la fuerza, lo que él, sin embargo, no había querido hacer.

Las acusaciones de Mallol contra Herrera son graves, pero, para juzgarlas, no existiendo otros datos que los contenidos en ellas, hay que tomar en consideración el enojo con que las autoridades coloniales veían los trabajos en favor de la independencia, la circunstancia de que no querían o no les convenía reconocer que se empeñasen desinteresadamente por ese supremo ideal, y en el caso particular con Herrera, el resentimiento producido por su conducta en Mallol, quien pensaba que no podía tener en aquél sino un devoto amigo. La conducta de Herrera después como jefe del Ejecutivo le honra altamente, entre otros motivos, por la pureza con que administró los fondos públicos y desautoriza los cargos que Mallol hizo ante el Gobierno Superior con tanta vehemencia.

Mientras Mallol permanecía en el sur, don Mariano José Urmeneta puso en posesión a don Esteban Guardiola [*], del empleo de alcalde 1° constitucional de Tegucigalpa, para el cual había salido

---

[*] Padre de don Santos Guardiola, presidente que fue de 1856 a 1862; véase *Gobernantes de Honduras*.

electo. Este, pues, prometió, ya en vísperas de la independencia, guardar la Constitución Política de la Monarquía Española, observar las leyes, ser fiel al rey y cumplir religiosamente las obligaciones de su cargo.

3. — Mallol, que seguía enfermo, sintió agravarse su mal, y se vio en la necesidad de volver pronto a Tegucigalpa. La enfermedad fue postrándolo, cada vez más, hasta que llegó el momento que lo mismo pone término al bien que al mal, a la alegría que a la tristeza, a la fortuna que a la desgracia, a los esplendores de la grandeza y del poder y a las oscuridades de la pequeñez y de la sumisión.

Mallol falleció el 6 de marzo, a las diez y media de la mañana.

No obstante que hizo mucho por el servicio del rey y por el bien de la Provincia, no se respetó su cadáver. El regidor 1° y alcalde en depósito le puso guardia de ocho a diez soldados.

¿Por qué? Esto preguntaba la viuda del alcalde mayor, quien se quejó de este procedimiento a la Audiencia. La Audiencia pidió informe, y se le contestó que el regidor probablemente se condujo así por asegurar los caudales de Hacienda Pública que estaban a cargo del alcalde mayor y por evitar que los fiadores de este se hiciesen cargo del seguro de ellos. Pudieron depositarse los bienes para quitar la guardia, pero siendo necesario algún tiempo para el inventario, la guardia era de necesidad entre tanto pero no se conocía la verdadera causa.

Añadía el informe que, en poder de Mallol, se hallaban cien pesos que dio don Manuel Antonio Vásquez para el puente. El Ayuntamiento había acordado que se le reclamaran a Mallol. Este contestó que el donativo estaba destinado al pasamano. Comenzado este, se le reclamó una vez más, por no haber fondos, y no dio respuesta. Se le reiteró que los entregara por medio de su esposa, puesto que estaba enfermo, y no hizo la entrega. En cambio, el mismo día pagó a un comerciante de Tegucigalpa cuatrocientos pesos. La esposa de Mallol pasó un oficio insultante al alcalde 1° y este amenazó con embargar el sueldo si no se pagaba dentro de tercero día. Como no se hizo el pago, le embargó cincuenta pesos que se le pagaban a Mallol de lo que se cobraba a los mineros por cada marco, por haber cobrado ya lo de Propios, y se creía que solo se cobrarían estos cincuenta pesos, pues los bienes del difunto eran insuficientes para cubrir otros créditos de mayor cuantía.

Mallol había manifestado al Ayuntamiento el 11 de enero, como se ha visto ya, que el donativo de cien pesos hecho por don Manuel Antonio Vásquez era para que los invirtiese en la obra del puente como le pareciese, sin que nadie hubiera de tomarle cuenta, y que se le debía el valor de varios suplementos hechos en la obra, teniendo el resto de aquellos cien pesos a la orden de la Corporación para cuando se empezasen las barandillas.

El informe dado a la Audiencia calla estas circunstancias y no inspira, por lo mismo, confianza suficiente para juzgar de su exactitud. En todo caso, si Mallol, no obstante su disposición a hacer la entrega del resto del dinero, no la hizo, bien puede esto explicarse ya sea en el sentido de que esperaba mejorar de salud para hacer él en persona, con la mayor economía, la inversión en el pasamano, bajo su vigilancia, con el objeto de ser él y no otro quien concluyera la obra en cuya construcción tuvo más que ninguno el mayor empeño, ya sea en el sentido de que esperaba a que se formase la liquidación respectiva por los suplementos que hizo, para devolver el resto.

Y si se temía que los bienes de la mortual no alcanzaran para el reembolso, la guardia que se puso al cadáver no cambiaba las circunstancias y solo constituía un ultraje, pues para la seguridad de los valores había procedimientos legítimos y eficaces.

4. — Por acta de 9 de diciembre de 1820, el Ayuntamiento había pasado al Síndico Procurador General, don Eusebio Ruiz, para que expusiera lo conveniente, la real cédula de Carlos IV, de 29 de noviembre de 1807, relativa al curso hecho sobre que a la villa de Tegucigalpa se le concediese el título de *Ciudad*, ofreciéndose por esta gracia el servicio pecuniario de dos mil pesos de plata fuerte.

Ruiz presentó su informe el 5 de marzo, día anterior a la muerte de Mallol, y en él da a conocer en estos momentos el estado de Tegucigalpa.

No había duda de que esta villa merecía se erigiera en ciudad por su buen temperamento, por la facilidad de extender su población, por ser más grande que la ciudad de Comayagua, por los aumentos que iba teniendo, por sus buenas y saludables aguas, por sus abastos, por sus pueblos inmediatos, por su comercio y sus vecinos pudientes, por su producto a los fondos públicos tanto por el ramo de quintos como por el de Hacienda Pública, por el crecido número de minerales y la facilidad de materiales para fábricas, por las temperaturas susceptibles para los productos de la tierra, por sus edificios, por la dependencia de mucha parte de la provincia de Honduras, por los puertos cercanos, y por sus ramos de Propios y Arbitrios.

Y en efecto: el temperamento que se disfrutaba en la Villa era de los mejores, lo que se probaba con no conocerse epidemias ni males mortíferos, como se veía en la robustez de sus vecinos, las ningunas enfermedades pestilenciales, a excepción de las ordinarias.

El aumento de su población estaba a la vista. Por el censo del año de 1805, tenía este Curato seis mil y más almas; y por el padrón que se hizo en 1815 para partir el Curato, se hallaron 8,070; es decir, que en diez años el aumento era de 3,000 almas. En el día, por regla de proporción, debía haber más de mil y quinientas, de consiguiente, y atendiendo a la mayor multiplicación, tendría el Curato once mil almas: de estas vivirían 3,000 en las reducciones inmediatas y 8,000 en la Villa.

Había dónde extender la población, puesta en orden, a más del plano que brindaban los llanos del pueblo de Comayagüela, con solo el río Grande de por medio, el que se había reunido por el puente que se estaba fabricando con distancia como de cien varas. Esta grande obra había dado perfecto realce y hermosura a la Villa. Formaba una calle con la principal, partiendo hacia el medio de dicho pueblo, y aun no estando concluido el puente [*], ya se veían casas fabricadas a las

---

[*] El puente no se terminó hasta 1822. Mallol no tuvo el placer de ver concluida la obra en que tanto empeñó sus esfuerzos; pero cuando murió poco faltaba para la conclusión. Si no se alcanzó esta en su tiempo fue por falta de fondos, pues ya se ha visto que el Superior Gobierno no hizo todo el caso que debiera a las instancias del alcalde mayor para facilitarle recursos a este. Pero el puente se concluyó, es el primero de Centroamérica, tal como lo declaró el ingeniero Jáuregui que corrigió el plano, y tal como lo declaran los que lo conocen y conocen también el puente de los Esclavos, que es el único que acaso podría rivalizar con el de Tegucigalpa en lo que fue reino de Guatemala.

Una gran avenida del río Grande se llevó el 23 de octubre de 1822, los dos arcos que daban a la parte de Comayagüela y se emprendió la reconstrucción, cuidando de añadir dos arcos hacia este pueblo. La Municipalidad de Tegucigalpa había emprendido a la vez la obra del cementerio, y llegó a verse sin fondos. Acudió, en 1828, al general don Francisco Morazán, jefe del Estado, quien ordenó facilitarle

márgenes del río, de suerte que, con el tiempo, vendría a ser Comayagüela el recreo de Tegucigalpa.

Los abastos eran abundantes, tanto de granos como de otras provisiones comestibles, a que concurrían los pueblos circunvecinos y molinos de trigo en las inmediaciones, contribuyendo las haciendas cuantiosas de ganado vacuno que formaban en gran parte el patrimonio de sus habitantes, y un comercio activo que se sostenía de la industria laboriosa en el trabajo de los vecinos honrados y de facultades, con la protección de minas que hacían la felicidad de este reino, con la dependencia de las demás provincias, por el paso preciso por este punto.

El temperamento, en cuanto a las producciones de la tierra, era a propósito para la labranza de cañas, algodón, vainilla, grana, bálsamos. Había famosos terrenos para siembras de tabaco, y el que

---

2,000 pesos de la hacienda de Hato Grande con calidad de devolución. En 1830 acudió a la contribución de los vecinos y solicitó, además, el auxilio de don Marcial Bennet manifestándole que la falta de recursos se debía a la guerra que repetidas veces había sufrido el Estado, y que solo le quedaban ya $ 600.00 para tan importante obra. Se dirigía a Bennet por su patriotismo, que había acreditado tantas veces. Don Francisco Ferrera, como gobernador político e intendente del Departamento de Tegucigalpa, en 1831, impulsó bastante la reconstrucción del puente, que no se concluyó sino hasta fines de 1832.

Wells, en su obra *Adventures and Explorations in Honduras*, que escribió con motivo de su viaje a este país a principios de 1854, durante la Administración del general José Trinidad Cabañas, dice en la página 181, del puente reconstruido:

"El puente es de diez arcos, con puntas de diamante, para cortar la corriente del agua". Y añade en la página 202: "Tiene la vía ocho varas de ancho por cien de largo. Está construido de piedra arenisca que se trabaja fácilmente, pero que resiste a la acción del tiempo. La balaustrada o antepecho, que mide cuatro pies de altura, es, en su parte superior, de piedra cincelada. Tiene cuarenta pies sobre el río, y es suficientemente fuerte para el paso de cualquier tren".

En octubre de 1852, que estaba reunido en Tegucigalpa el Congreso que dictó el *Estatuto Provisorio de Unión*, dispuso el presidente Cabañas dar un banquete a los diputados, en la margen izquierda del río Grande, bajo una hermosísima ceiba que arriba del puente había plantado veinte años atrás don Liberato Moncada. No se dio el banquete allí, por haber crecido el río como no se había visto antes. El agua llegó hacia el centro del puente, casi hasta la línea inferior de la balaustrada, y temiéndose que derribara la construcción, que la corriente hacía temblar, se pusieron guardias en sus dos extremos para impedir el tránsito. No hubo novedad, sin embargo.

en otro tiempo se cultivó en ellos, se tuvo por el mejor de los que se cultivaban en el día.

A veintiséis leguas de Tegucigalpa, en la jurisdicción de Nacaome, Guascorán y Choluteca, varios puertos ofrecían proporción de exportar los apreciables frutos que producía esta provincia; y, además, había relaciones con los puertos del norte de Honduras.

El producto de los fondos públicos estaba demostrando, con solo dar una ojeada a los libros de la Administración de la Casa de Rescates y Aduana de la Villa, lo que se producía: quedaban libres a las Cajas Nacionales y Hacienda Pública más de cincuenta mil pesos cada año.

Había abundancia de maderas de todas clases en la circunferencia; cales a dos reales fanega de diez arrobas, a poco más de una legua de distancia; piedra de todas calidades cerca de las mismas casas, y ladrilleras cerca de la población; a ocho leguas había un ingenio de fierro, tan abundante en metales y con tantas proporciones, que era suficiente para abastecer a todo el reino.

Todos los materiales se conseguían a precios equitativos. La prueba era clara.

Para la obra del puente se graduaban por los más prácticos, veinticinco mil pesos de costo, y por lo gastado hasta la fecha, que ascendía a siete mil pesos, se calculaba que no pasaría de dos mil el gasto que habría que hacer para concluirlo, por hallarse ya cerrados todos sus arcos, que eran ocho, con sus correspondientes rellenos, nueve columnas, un fuerte pretil al lado de la Villa para enlazarlo con ella, y chaflán al lado de Comayagüela. Tenía ocho varas de ancho y once de elevación. Estaba fabricando con buenas mezclas, piedra de sillería y mampostería, de forma que, concluida esta obra, sería la mejor del reino.

Estaban a la vista los edificios que ilustraban a Tegucigalpa: la iglesia parroquial, de insigne arquitectura, que se estimaba por de las más suntuosas; las iglesias de Nuestra Señora de Concepción, Nuestra Señora de Dolores, San Sebastián y Calvario; los conventos de San Francisco y Nuestra Señora de Mercedes y la parroquia de Comayagüela; casas consistoriales: la Casas de Rescates y otras de mucha magnitud, de particulares, que servían de ornato.

Sobre el ramo de Propios hubiera querido el Síndico no exponer nada, porque veía, con el mayor dolor, que sus fondos habían desaparecido enteramente. Desde el año de 1788 hasta el de 1812 en que, por desgracia, estuvo la provincia de Tegucigalpa sujeta al Gobierno de Comayagua, se remitieron de dicho ramo y Arbitrios más de diez mil pesos, según los libros de la Administración de Alcabalas, sin que se hubiera podido conseguir su reintegro o cuenta de su inversión, por más esfuerzos que hizo el antiguo Ayuntamiento.

Llegó la época feliz en que a la Provincia se le restituyó su alcalde mayor; pero las miras de Comayagua siempre se extendieron contra Tegucigalpa, razón por la cual el Ayuntamiento se vio en la dura necesidad de impender recrecidos gastos de los Propios en varios expedientes que se criaron para lograr su total independencia; y sin embargo, el año de 1819 tuvo que satisfacer ejecutivamente cantidad de pesos para sueldos del asesor don Mariano Gómez y que apelar al Supremo Tribunal de otra ejecución que promovió la viuda del asesor don Mariano Valero, cobrando tres mil pesos de sueldos devengados por su marido, porque Comayagua no satisfizo esta cantidad, habiendo barrido con cuantos fondos había de dichos ramos.

Cuatro años hacía que Tegucigalpa los administraba: su producto era de tres mil pesos anuales, según las cuentas del año de 1818. Se habían tomado tres mil pesos para el trabajo del puente; cuatrocientos pesos cada año para sueldo del señor alcalde mayor, el del alcaide y alguacil de la cárcel y otros infinitos gastos que no se especificaban; y con todo, tenía setecientos pesos existentes en el Arca, esto es, contando con las contribuciones de los partidos que comprehendía la Provincia, los que ya intentaban segregar los Ayuntamientos nuevamente establecidos para sus Propios. Pero si esto se hacía así, debían ser obligados los Ayuntamientos a pagar lo que correspondía por las erogaciones que los mismos Ayuntamientos disfrutaban generalmente a su beneficio.

Todo patentizaba, pues, que Tegucigalpa no solo podía erigirse en ciudad sino que merecía ser capital de toda la Provincia.

Comayagua, en el año de 1806, formó expediente solicitando trasladar a la Villa el Cabildo Eclesiástico, Colegio Seminario, Hospital, Cajas Reales, Gobierno e Intendencia. Las razones fundamentales que manifestaron fueron estas: el buen temperamento de aquí y lo mortífero de aquella ciudad, el mayor vecindario y el comercio, minas y agricultura de que carecía Comayagua.

El señor intendente y demás corporaciones, con los prelados de los conventos, fueron de sentir unánimemente que convenía hacer la traslación por ser la Villa un buen punto para capital.

En el expediente sobre segregar la Alcaldía Mayor del Gobierno de Comayagua, la Junta Superior declaró la segregación sin perjuicio del que, por separado, se seguía sobre trasladar la Intendencia y que Comayagua quedase reducida a un Gobierno Militar cuyo jefe debía residir cerca de Trujillo, que tanto convenía celar. Si se había considerado capaz para capital de la Provincia y que su parroquia se instituyera catedral, y si se creía suficiente para residencia de un señor gobernador intendente, asesor y ministros principales, era porque reunía muchas proporciones y ventajas y la pingüe producción de quintos en el ramo de minería.

Rápido eran los progresos que Tegucigalpa había ido tomando, tales que admiraban a sus mismos habitantes. No era más que un triste y miserable pueblo de indios. En el año de 1762 [*] en que se erigió su Noble Ayuntamiento con título real, ya se presentaba a la vista muy numeroso y lúcido el vecindario. En el día no solo merecía el honroso título de ciudad sino el de capital, y sin exageración podía asegurarse que era lo mejor de Honduras y que, en algunos ramos, excedía a otras ciudades de las provincias circunvecinas.

Si se elevase a estas preeminencias, era conforme a razón que se estableciera una Diputación Provincial, puesto que en Comayagua la solicitaban; y eso serviría de impulso a sus moradores para ensanchar sus profesiones de industria y de trabajo, teniendo estos en las manos cuánto pudieran apetecer para su prosperidad.

Ruiz concluía indicando que, con la sumisión debida, se suplicara del numerario ofrecido, para que se eximiera a Tegucigalpa de este servicio, en consideración a los exhaustos que se hallaban sus fondos, a que apenas sostenía el gasto del puente que se estaba construyendo y a que no alcanzaban para dotación del maestro de escuela de primeras letras; y por los gravámenes que cargaban sobre esta provincia y las utilidades que esta rendía al erario público.

Es notable el cambio habido en Tegucigalpa, de 1806 a 1818. En el primero de estos años la Villa manifestó repugnancia a que se

[*] Véase el APÉNDICE IX, número 11.

trasladara a ella la capital, en vez de que siguiera en Comayagua [**]. En 1818 no solo admitía la necesidad y ventajas de la traslación, sino que quería anular el Gobierno de Comayagua [***], dejándolo reducido a Gobierno Militar, cuyo asiento estuviera cerca de Trujillo, ideas que en 1821, como se ha visto, confirmó el síndico señor Ruiz en el informe que queda extractado.

Pero el éxito de las gestiones sobre la adquisición del título de ciudad otorgado por el rey a Tegucigalpa, ya no había de verse: estaban para sonar las horas del 15 de septiembre y la colonia iba a convertirse en República. [*]

5. — Tal era el estado de Tegucigalpa a la muerte del alcalde mayor, licenciado don Narciso Mallol, quien había gobernado tres años y tres meses.

No había el rey de proveer nuevo nombramiento. La Alcaldía siguió ejerciéndose en depósito; y a los seis meses y veintidós días de haber fallecido el único alcalde mayor propietario que tuvo Tegucigalpa segregada de la provincia de Comayagua, se proclamó aquí la independencia, con vista de los pliegos que se recibieron de Guatemala.

He aquí quienes firmaron en la tarde del 28 de septiembre de 1821, el acta de proclamación, comprometiéndose a reconocer el Gobierno que se organizara en aquella capital y a "contribuir a la independencia por cuantos medios fueran a su alcance, hasta sacrificar sus vidas y haciendas": José Francisco Pineda, cura; fray Manuel Antonio González, M. D. Comr; el capitán graduado don Juan Alcalá, Ambrosio de Echeverría y Plasaula, Manuel José Midence, Miguel Bustamante, Carlos Joaquín de Herrance, fray Nicolás Hermosilla, guardián de San Francisco; Manuel Antonio Vásquez, ex regidor; Francisco Xavier Aguirre, José María de Aguirre, Diego Vijil

---

[**] Véase la *Historia Social y Política de Honduras* del presbítero, Dr. Don Antonio R. Vallejo; edición de 1882, tomo I, página 94.

[***] Véase en el APÉNDICE X quiénes fueron los gobernadores de Comayagua.

[*] Tegucigalpa obtuvo el título de *Ciudad* y su Ayuntamiento el calificativo de "patriótico" por decreto de la Junta Consultiva de Gobierno, fecha 11 de diciembre de 1821.

^(**), Braulio Rosa, Carlos Selva, Manuel de Aqueche, Antonio José Contreras, Vicente Caminos, Juan José Durón, Felipe Santiago Reyes, Francisco Juárez, Manuel Ugarte, Juan Antonio Gómez, Luis Brito, Tomás Midence, Mariano Urmeneta, Juan Estrada, Eusebio Ruiz y Dionisio de Herrera.

Mallol supo acreditar su Gobierno, y si él ejerció actos dignos de censura, muchos de los cuales se debían, sobre todo, a las costumbres de la época, que los toleraban, fueron más los que realizó en beneficio de Tegucigalpa, y en muchas cosas su conducta como alcalde mayor colonial podría servir de ejemplo y estímulo en la República.

6. — Las letras dan a conocer el estado intelectual de los pueblos. En aquella época no había imprenta en Tegucigalpa, y parece que no había costumbre de escribir para el público. No se puede juzgar, pues, por este medio, del estado intelectual de la Provincia. Pero puede juzgarse de él por los informes dirigidos a las autoridades superiores y por los dictámenes emitidos sobre asuntos de interés público, lo mismo que por las solicitudes presentadas por particulares. Muchos documentos de esta clase son de gran importancia y acreditan la gran cultura de sus autores. Fuera de Mallol, a quien no debemos incluir porque hizo sus estudios en España, pueden citarse con elogio los nombres de don Antonio Tranquilino de la Rosa, subdelegado que fue de Tegucigalpa en tiempo de la anexión a Comayagua; del cura don Juan Francisco Márquez, el primero que sirvió la Alcaldía Mayor al restablecerse; de don Justo José Herrera, teniente del partido de Choluteca; de don José Antonio Castejón, cura de Guascorán; de don Felipe Zelaya, teniente de Ojojona; de don José María Rojas, administrador de la Real Casa de Rescates; de don Eusebio Ruiz, síndico del Ayuntamiento de Tegucigalpa; de don Miguel Eusebio Bustamante, defensor que fue de don José Francisco Villafranca en la causa que a este se siguió por carteles subversivos; y de otros. No se puede incluir a los frailes Hermosilla y González, notables predicadores, por la misma causa que a Mallol. Muchos informes, dictámenes y pedimentos de aquellos no se escribirían mejor hoy día.

---

^(**) Fue vicejefe de Honduras en 1828 y 1829; jefe de El Salvador en 1836, y vicepresidente de Centroamérica en 1838; véase *Gobernantes de Honduras*.

Pero si no se encuentran escritos de otro género que den a conocer el estado intelectual de la provincia de Tegucigalpa, lo hace resplandecer la pléyade brillantísima de ciudadanos que de él surgieron a laborar por que Honduras disfrutase de los beneficios de la independencia.

13 de julio de 1903

APÉNDICE

———

I. LA ALCALDÍA MAYOR DE TEGUCIGALPA

(Véase el capítulo I, número 1°)

¿Cuándo se fundó Tegucigalpa? ¿Cuándo se estableció su Alcaldía Mayor?

Hasta hoy no se ha podido responder a estas preguntas satisfactoriamente.

Es seguro que los documentos que obran en el Archivo General de Indias, en el Simancas y en otros varios de España, darán la respuesta que se necesita; pero hay que ir allá y explorarlos, para lo cual se requiere contar con recursos propios o facilitados por el Gobierno, ya que la historia del país es obra de interés general.

Lo que hasta hoy ha podido averiguar el autor de este libro es lo siguiente.

Hernando Bermejo, teniente de gobernador y visitador en las provincias de Higueras y Honduras, por el Iltre. Señor licenciado Alonso Ortiz de Elgueta, gobernador por S. M. de ellas, recibió una solicitud de Lope de Cáceres, vecino de la ciudad de Valladolid del valle de Comayagua, en que este manifestaba tener necesidad de poner una estancia de yeguas en la Sacualpa Vieja del pueblo de Tapale. Serían ocho leguas del dicho pueblo; y quería tener allí unos garañones para su granjería y para ayuda a su sustento. Pidió, pues, que se le hiciera merced del dicho sitio y tierras. Bermejo hizo comparecer a los indios, les hizo entender la solicitud por intérprete, y ellos dijeron que no tenían necesidad de dicha tierra ni les causarían perjuicio las yeguas, y hasta podía el solicitante poner vacas, aunque estas corren mucha tierra. Atento a esto, Bermejo, en nombre de S. M., hizo merced a Lope de Cáceres, en Agalteca, a 15 de abril de 1567, de dicha tierra y sitio, para que allí pudiera tener la estancia de yeguas y garañones, a condición de tenerla poblada en dos años de la fecha y en los siguientes años, para que fuera suya, de sus herederos y sucesores, porque, no haciéndolo y cumpliendo así, no habría merced, y se podría otorgar la tierra a otra persona. Cáceres podía vender y enajenar el sitio, como no fuera a iglesia ni monasterio ni hospital ni cofradía ni a persona poderosa, salvo que fuera llana y abonada; y se le hizo la merced sin perjuicio de tercero.

El 1º de agosto de 1576, Alonso de Cáceres, el fundador de Valladolid de Comayagua, alcalde mayor mandado por el licenciado Alonso Ortiz de Elgueta, teniente general de la provincia de Higueras y Honduras por el Iltre. Señor don Diego de Herrera, gobernador y justicia mayor de ella por S. M., fue a la parte y lugar que le señaló Gregorio Muñoz, para poner a este en posesión del sitio que había pedido, en señal de la cual se paseó por el dicho sitio, y cortó unas ramas y arrancó... etc.

En el valle de Agalteca, de la ciudad de Valladolid, en 16 de septiembre de 1579, ante el teniente Alonso de Cáceres por S. M. en estas provincias y ante Andrés de Rodas, escribano nombrado, se presentó una petición de Gregorio Muñoz, en que solicita este cuatro caballerías en el valle de Siria, riberas de un río grande, para sembrar maíz. Estas caballerías, que no estaban sembradas y eran tierras yermas, se medirían desde donde los indios solían sembrar junto al paso viejo del río, hasta el lugar de dicho río por donde se pasaba a la vega en que estaba el hato de Muñoz. Se mediría para arriba y para abajo.

En estos días, pues, aparece como capital o cabecera de partido *Agalteca*, y nada se habla de Tegucigalpa.

En una carta de 18 de octubre de 1901, don Pedro Torres Lanzas le dice del *Archivo de Indias* de Sevilla a mi estimado amigo don Enrique Roger:

"Con respecto a Tegucigalpa, he encontrado lo siguiente: Dos cartas del presidente de Guatemala, hablando de la riqueza de las minas de Tegucigalpa, y dice que proveyó de un alcalde mayor para aquellos asilos de minas, que lo fue don Juan de la Cueva, pero no dice la fecha de la provisión.

En carta de la ciudad de Valladolid de Comayagua, de 17 de abril de 1581, se dice que hace tres años se descubrieron las minas de Tegucigalpa y que la Audiencia proveyó por alcalde mayor a don Juan de la Cueva hará tres años".

Don Francisco Albert, procurador en Madrid del Noble Ayuntamiento de Tegucigalpa, para solicitar en nombre de este que se restableciera la Alcaldía Mayor suprimida en 1788, dice, entre otras cosas:

"En Choluteca, la villa de Jerez, su cabecera, *cerca de un siglo* más antigua que la de Tegucigalpa, y, en tiempos anteriores, de mayor riqueza que esta y la capital de la Intendencia, se halla al presente en el mayor grado de atraso".

Y la villa de Jerez de la Choluteca se fundó en 1526, siendo su título de villa de 1585.

El presbítero Dr. Don Antonio R. Vallejo, en su importante ANUARIO ESTADÍSTICO DE HONDURAS de 1889 dice que, en años anteriores, leyó en un documento del Archivo Nacional, escrito en octubre de 1795, con motivo de la demarcación de los límites jurisdiccionales de la villa de Tegucigalpa, que se habían traído a la vista los autos de erección del Real de Minas, cuyo nombre conservó hasta 1762, su mapa y la real cédula en que se le dio el título de villa. Pero no encontró esos documentos, y posteriormente supo que los tenía en su poder un extranjero, don John D. Merielees. Habiéndose dirigido a este por telégrafo, le contestó que en Juticalpa había obtenido los documentos, pero que se los habían hecho pedazos.

El señor Vallejo añade:

"No se sabe, pues, de un modo positivo el día y el año en que se fundó el Real de Minas; con todo y aunque nosotros creemos que es una temeridad histórica fijar fechas sin que consten en documentos originales y auténticos, nos atrevemos a afirmar que Tegucigalpa fue fundada en 1579, porque en estos años, como en los siguientes, se hicieron importantes descubrimientos de ricos minerales en los cerros de San Marcos, *Agalteca, Tegucigalpa*, Santa Lucía y Apasapo, que así se llamó el antiguo pueblo de los aborígenes de Aramecina".

Esta conjetura del señor Vallejo coincide con los datos anteriores.

Mientras este punto se aclara del todo por las investigaciones que, tarde o temprano, han de hacerse en los archivos de España, el autor de este libro ha formado, aunque incompleta, una lista de los alcaldes mayores de la provincia de Tegucigalpa, empezando por el que indica el jefe del Archivo de Indias de Sevilla, no obstante la jurisdicción ejercida por Hernando Bermejo y Alonso de Cáceres, pues esta fue a nombre de Comayagua.

Hela aquí, en la esperanza de completarla algún día:

PRIMERA ÉPOCA

Años

Alcalde mayor, don Juan de la Cueva 1578
Teniente de alcalde mayor, don Diego de Fúnez Cerrato 1621
Alcalde mayor, capitán don Juan de Salazar..............................1626
Alcalde mayor, capitán don José de Orozco 1634
Teniente de alcalde mayor, capitán don Bartolomé de Escoto 1638
Teniente de alcalde mayor, don Juan Rodríguez de Castro 1638
Alcalde mayor, don Antonio Nieto de Figueroa 1649
Alcalde mayor, don Juan de Alvarado 1656
Alcalde mayor, Gabriel de Ugarte Ayala y Vargas.....................1666
Teniente de alcalde mayor, don Eugenio Lobo...........................1667
Alcalde mayor, don Fernando Alfonso de Salvatierra 1674
Teniente de alcalde mayor, don Fernando Rangel de Salvatierra 1678
Alcalde mayor, don Antonio de Ayala..1684
Teniente de alcalde mayor, Alférez don Miguel Antonio Tinoco1684
Teniente de alcalde mayor, Baltasar Matías de Escoto 1685
Justicia Mayor, don Diego del Rivero..1687
Alcalde mayor, don Rodrigo de Sarmado 1687
Alcalde mayor, capitán don José Fernández de Córdova............1689
Alcalde mayor, capitán don Juan Alonso Cordero......................1692
Justicia Mayor, don José de Zubismendi 1693
Alcalde mayor, don Santiago de Berroterán 1696
Teniente de alcalde mayor, don Manuel José de Castro 1699
Alcalde mayor, capitán don Gabriel de Echeverría....................1703
Teniente de alcalde mayor, maestre de campo don José Antonio Galindo 1704
Alcalde mayor, capitán José Damián Fernández de Córdova......1710
Alcalde mayor, Cnel. Don Manuel de Porras.............................1711
Teniente de alcalde mayor, don José de Ibarra 1712
Teniente de alcalde mayor, don Bartolomé de Cuéllar Cid 1718
Alcalde mayor, general Manuel José de Amézqueta y Verdugo .1718
Teniente de alcalde mayor, maestre de campo Martín de Zelaya 1720
Teniente de alcalde mayor, capitán don Juan de la Cuadra 1720
Alcalde mayor, don Manuel Muñoz..1721
Teniente de alcalde mayor, don Agustín Muñoz.........................1725

Teniente de alcalde mayor, don Cristóbal de Sobrado Santelices 1726
Alcalde mayor, sargento mayor Tomás Fernández de Córdova ..1727
Alcalde mayor, sargento mayor don Clemente de Arauz.............1730
Teniente de alcalde mayor, sargento mayor don Antonio de Castro Verde 1731
Alcalde mayor, capitán de Caballería y Coraceros, don Antonio de Arroyave..1734
Alcalde mayor, capitán don Pedro Baltasar Ortiz de Letona 1739
Alcalde mayor, don Diego de Arroyave y Beteta 1745
Teniente de alcalde mayor, capitán don Juan Antonio Montúfar 1746
Alcalde mayor, don José Salvador Casares..................................1747
Teniente de alcalde mayor, don Juan Nicolás de Letona 1749
Alcalde mayor, capitán de Caballería Vicente Toledo y Vivero..1758
Teniente de alcalde mayor, capitán don Miguel Servellón y Santa Cruz 1759
Alcalde mayor, Dr. Don Nicolás del Busto y Bustamante...........1761
Justicia Mayor, don José Miguel Castrejón 1766
Alcalde mayor, don Jerónimo de la Vega y Lacayo 1767
Alcalde mayor, coronel don Ildefonso Ignacio Domezain...........1774
Teniente de alcalde mayor, don Guillermo de Rivera.................1777
Teniente de alcalde mayor, coronel don Luis de Rivera 1778
Teniente de alcalde mayor, don Joaquín José de Posada 1782
Alcalde mayor, coronel don Lorenzo Vásquez y Aguilar 1787-88

SEGUNDA ÉPOCA

Alcalde mayor accidental, cura Juan Francisco Márquez 1812
Alcalde mayor, sustituto del anterior, don José Manuel Márquez.
Alcalde mayor, también sustituto del anterior, don Pablo Borjas.
Alcalde mayor accidental, don Manuel Antonio Vásquez...........1815
Alcalde mayor accidental, don Joaquín Espinosa 1815
Alcalde mayor interino, don Simón Gutiérrez 1815
Alcalde mayor propietario, licenciado don Narciso Mallol 1817
Alcalde mayor accidental, don Andrés Lozano 1820
Alcalde mayor accidental, don Esteban Guardiola 1821
Alcalde mayor accidental, don Tomás Midence 1821

Los nombramientos de alcalde mayor solían hacerse para cuatro años, y algunas veces se prorrogaban para otros cuatro.

Durante la anexión de Tegucigalpa a Comayagua fueron subdelegados:

Años

Don Pedro Mártir de Zelaya..1788
   "   José Leandro Rosa...1789
   "   Fernando Basurto...1794
   "   Manuel Antonio Vásquez y Rivera 1797
   "   Francisco Antonio González Travieso 1805
   "   Antonio Tranquilino de la Rosa 1808-1812

II: EL PUENTE DE TEGUCIGALPA

————

(Véase el capítulo II, número 5°)

COPIA de las suscripciones para la Puente, a efecto de recaudarlas para continuar la obra, según el original que existe en el Archivo del Ayuntamiento.

Plazos	Diciembre 16. – Don Juan Judas Salavarría..	$ 690
"	Diciembre 16. – Don Calixto Reconco...	25
"	Dicbre. 17. – Don Andrés Lozano	15
"	Diciembre 16. – Don Carlos Selva...............	30
"	En diciembre. – Doña Margarita Lozano, dos reses	
"	Cuando quieran. – Doña Isidora Borjas	10
"	Febrero 17. – Don Basilio Marín	15
"	Enero 17. – Don Miguel Bustamante...........	25
"	Diciembre 16. – Don Esteban Travieso dos reses y	10
		$ 820
	Diciembre 16. – Don José Antonio	
"	Márquez..	5
"	Dicbre. 16. – Don Calixto Lozano	5
"	Cuando quieran. – Don León Martínez	5
"	Dicbre. – Don Mariano Urmeneta.................	50
"	Diciembre. – Don Ramón Xatruch $25 para cimientos y $ 25 para cada pilastrón..............................	200
"	Enero 17. – Don Manuel Antonio Vásquez.......................................	25

"	Cuando quieran. – La familia de don Manuel Midence, con dos reses y una fanega de maíz.	
"	Don. Teodoro Valdés, con dos reses.	
"	Don José Miguel Lardizábal	25
"	Enero. – Don Nicolás Alvarado	10
"	Marzo 17. – Doña Manuela Rivera	20
"	La casa de don Antonio Tranquilino Rosa seiscientas fanegas cal, puestas en la obra y la herramienta para trabajar, sin perjuicio de lo demás que pueda contribuir.	
"	Don Severino Retes, quinientos pesos, 100 en la primera semana que se comience la obra y 100 cada una de las cuatro semanas siguientes..	500
"	Enero. – Don Felipe Rovelo..........................	25
"	Don José Vijil: por ahora 30 pesos, cimiento y 10 para cada uno de los 7 pilastrones, y después con reses y mulas, con lo demás que pueda	100
"	Cuando comience. – Doña Francisca Berico-che	25
"	Don José Serra, para los 7 pilastrones...........	70
"	Don Joaquín San Martín................................	5
"	Diciembre. – Don Ignacio Gómez	2
"	Don Pablo Borjas, 25 fanegas de cal cuando se le pidan.	
"	Dicbre. – Don Fernando Gómez	1
"	Don Francisco Midence, dos reses...............	
"	Noviembre 16. – Don José Matus	5
	Suma (S. I.)	$ 1.898.00

PLANILLA de los que han pagado: los guarismos del derecho son los que han pagado y los de la izquierda los que restan.

Resta   Pagado

		Primeramente, don Severino Retes pagó por entero..............	500
$ 165	Reses	Don Juan Judas Salvarría..............	525
70		Don José Vijil	30
150		Don Ramón Xatruch	50
		Don Carlos Selva	30
		Don Andrés Lozano	15
		Don Felipe Botelo	25
		Don Miguel Bustamante	25
		Doña Isidra Borjas	10
		Don Calixto Reconco....................	25
		Don Mariano Urmeneta	50
	Resta 2.	Doña Margarita Lozano, dos reses.	
15		Don Basilio Marín, ausente..........	
10	2 reses.	Don Esteban Travieso	
5		Don José Antonio Márquez, ausente....................................	
$ 415			$ 1,285
		Don León más pagó a don José María Rojas	
		Don Manuel Antonio Vásquez, $25; los pagó con el alquiler de las tiendas que dice haberse devengado en años y meses que ha que están sirviendo en el acomodo de cales.	
	Restan. 2	La familia de don Manuel Midence, con dos reses y una fanega de maíz	
	2	Doña Teodora Valdés, con 2 reses.	
		Don José Miguel Lardizábal pagó a don José María Rojas veinticinco pesos.	
10		Don Nicolás Alvarado, diez pesos.	
20		Doña Manuela Rivera.	

		La casa de don Antonio Rosa, 600 fanegas de cal.
25		Doña Francisca Bericoche, murió.
70		Don José Serra, 70 pesos para los siete pilastrones.
5		Don Joaquín San Martín, ausente.
2		Don Ignacio Gómez.
	Debe.	Pablo Borjas, 25 fanegas de cal.
1		Don Fernando Midence.
	Debe.	Don Francisco Midence, dos reses.
		Don José Matus con cinco pesos que pagó a don José María Rojas.
$ 558		Suma (S. I.) .... $ 1,285

De los caídos que posteriormente se han recogido, los que se agregan al guarismo de la derecha, por ser de mi cargo:

$ 558		$ 1,285
	El presbítero don Pascual Martínez	25
	Don José Vijil, por bienes mostrencos que tenía en depósito, se vendieron y se aplicaron al puente	33
13	Pedro Moncada, de otros bienes que se le remataron en $33.........	20
	José Rivera, penado en 19 rs. para la obra.............	2.3
	El pueblo de Langue entregó para dicho trabajo	2
$ 571	Suma total de lo cobrado...	$ 1,367.3 rs

Tegucigalpa, marzo 11 de 1818., Mariano José Urmeneta.

III: PLATAS BENEFICIADAS

———

(Véase el capítulo III, número 4°)

En la separación correspondiente de los libros reales de esta Administración, consta que en el último quinquenio comprehensivo de los años de 1813 a 17, presentaron al rescate don Ramón Xatruch, don Antonio Tranquilino Rosa y don Francisco Gardela, las barras de plata del beneficio, peso y valor siguientes:

Beneficio R. Xatruch.

				Peso		Valores
Año	1813-40-40	barras por fuego	4,336.4	=	$	45,030.2 rs.
"	1814-44-44	" " "	5,881.7	=		50,29236
"	1815-75-69	fuego y 6 azogue	10,010.7	=		86,855.0 ¾
"	1816-52-45	" 7 "	6,691.4	=		54,513.0 ¾
"	1817-62-50	" 12 "	7,825.1	=		67,216.0 ¼
Totales	273-248	" 25 "	34,746	=	$	303,907.1 ¾

A. Tranquilino Rosa

				Peso		Valores
Año	1813-9-3	fuego 6 azogue	1,017.5.4	=	$	8,818.1 ¼
"	1814-2-2	"	234.5.4	=		2,032.2 ¼
"	1815-12-6	" 6 "	1,271.5.4	=		11,047.4 ¼

				Peso		Valores
"	1816-6-1	" 5 "	737.0.4	=		6,422.6 ½
"	1817-4-1	" 3 "	470.6.4	=		4,100.5 ½
Totales	33-13	" 20 "	3,731.7.4	=	$	32,421.3 ¾

Francisco Gardela

				Peso		Valores
Año	1813-1	barra fuego	130.7.0	=	$	1,135.2 ¾
"	1815-1	" "	77.5.0	=		672.1 ½
Totales	2	" "	208.4.0	=	$	1,807.4 ½

IV: CENSO DE TEGUCIGALPA EN 1801

(Véase el capítulo VIII, NÚMERO 3°.)

Subdelegación de Tegucigalpa, con catorce mil quinientas catorce almas de españoles y ladinos y dos mil quinientas diez y seis de indios.

	Familias españolas	Familias ladinas	Solteros
Parroquia. — Villa de Tegucigalpa	86	507	233
Río Hondo		64	43
Río Abajo		72	54
La Venta	3	99	61
Sabanagrande	16	300	206
El Rancho		27	11
El Cimarrón (hoy Valle de Ángeles)		44	25
La Estancia de Oropolí	7	50	30
Xacaliapa o Suyapa		43	12
Pueblo Abajo		61	43
Reducción de Mateo		28	9
San Antonio de Xalaca	7	148	100
San Diego Buenavista		72	52
Caridad de Güinope	23	63	41
Santa Gertrudis	17	72	55
Mineral de Santa Lucía	4	92	72
Mineral de San Antonio	4	145	97
Mineral de Yuscarán	17	212	103
En valles y haciendas	28	108	86
Suma	212	2,207	1,333

Pueblos de Indios

	Almas	Tributarios
San Miguel de Tegucigalpa..........	81	27
Suyapa R	264	74
Comayagüela.............................	1.062	315
Parroquia. — Ojojona	385	109
Lepaterique................................	249	66
Santa Ana	79	19
Parroquia. — Tatumbla...............	95	34
Parroquia. — Texíguat	282	100
Támara	19	7
	2.516	748

Tenencia de Zedros, con cinco mil seiscientas almas de españoles y ladinos y cincuentaicuatro de indios

	Familias españolas	Familias ladinas	Solteros
Mineral de Zedros	10	86	451
Parroquia. — Cantarranas	30	133	60
Moroselí	5	50	25
Guaimaca	14	54	49
San Francisco		47	48
Yuculateca..		30	14
Marale		69	70
Orica..	8	30	12
Agalteca		23	22
Nota: A más de las antecedentes reducciones hay cinco valles con vecindario que se han mandado reunir allí mismo...	57	522	751
Y son Tapale, Siria, Agua Caliente, Talanga y Guayape, en los cuales hay 61 familias de españoles y 250 de ladinos.	61	250	
	118	772	751

Pueblos de Indios

	Almas	Tributarios
Parroquia. — Orica	36	9
Agalteca R	18	5
	54	14

Tenencia de Nacaome, con ocho mil ciento setenta y dos almas de españoles y ladinos y mil novecientas ochenta y cuatro de indios.

	Familias españolas	Familias ladinas	Solteros
Parroquia. — Nacaome	8	137	136
Guascorán	5	33	21
Pespire		24	19
San Juan		30	26
Caridad		50	32
Alubarén		134	20
Aramecina		141	100
San Antonio Dulce Nombre		51	50
En valles y haciendas	51	800	285
	62	2,400	689

Pueblos de indios

	Almas	Tributarios
Parroquia. — Guascorán R	80	26
Langue	450	116
Aramecina R	35	18
Pespire R	27	10
Aguanqueterique	253	59
Curarén	719	205
Alubarén R	206	72
Reitoca	83	38
Lauterique	131	37
	1,984	581

Tenencia de Danlí, con tres mil doscientas setenta y cuatro almas de españoles y ladinos

	Familias españolas	Familias ladinas	Solteros
Parroquia. — Danlí	25	215	245
Xaretepa	7	59	80
Teupasenti	2	36	76
Alauca	6	56	75
Xacaliapa	3	39	47
Mineral de Potrerillos	8	92	77
	51	497	600

Tenencia de Choluteca, con seis mil seiscientas almas de españoles y ladinos y quinientos cincuenta y dos de indios

	Familias españolas	Familias ladinas	Solteros
Parroquia. — Villa de Choluteca	38	293	114
Namasigüe		78	81
Yusguare	1	70	49
Orocuina	17	238	141
Reducción de San Marcos	9	119	122
Mineral de El Corpus	70	166	73
	135	964	580

Nota: Que las antedichas 1,099 familias conocen cada una su reducción, pero viven las más en valles y haciendas.

Pueblos de indios

	Almas	Tributarios
Linaca	98	29
Tiscagua	454	132
	552	161

Censo levantado en 1801 por el gobernador intendente y comandante general, don Ramón de Anguiano, y publicado en el ANUARIO ESTADÍSTICO DE HONDURAS correspondiente al año de 1889, por el presbítero doctor don Antonio R. Vallejo; páginas 128 y 129.

V: LA TENENCIA DE DANLÍ

(Véase el capítulo X, número 1º)

LISTA de las personas que han administrado justicia en Danlí, del año de 1690 al de 1817.

Año 1690. — Diego Bautista del Castillo, juez ordinario de este partido.

" 1692. — Julián de Zavala, juez ordinario de esta Villa y Justicia Mayor.

" 1701. — Francisco Tinoco, teniente de Justicia Mayor.

" 1717. — Diego Bautista del Castillo, juez ordinario de este partido.

" 1722. — Ignacio Pérez Medina Valderas, alcalde ordinario de esta Villa.

" 1729. — Don Felipe de Arauz, alcalde ordinario de esta Villa.

" 1735. — Antonio José de Escobar, teniente de alcalde mayor de esta Villa.

" 1742. — Francisco del Castillo y Rada, teniente de alcalde mayor.

" 1744. — José de Maradiaga, teniente de alcalde mayor.

" 1752. — Francisco del Castillo y Rada, teniente de alcalde mayor de esta Villa.

" 1756. — Lorenzo Vásquez y Aguilar, teniente de alcalde mayor y de comandante de las Armas de esta provincia.

" 1757. — Francisco del Castillo y Rada, teniente de alcalde mayor.

" 1759. — Francisco del Castillo y Rada, teniente de alcalde mayor de este partido.

" 1762. — Francisco Antonio Bonilla, teniente de alcalde mayor de esta Villa.

" 1764. — Francisco del Castillo y Rada, teniente general de alcalde mayor por su majestad de esta villa y partido de Danlí.

" 1765. — Francisco del Castillo y Rada, teniente de alcalde mayor por su majestad de esta Villa de Danlí.

" 1767. — Francisco del Castillo y Rada, teniente general del partido de Danlí.

" 1769. — José de Castro, Alférez, teniente de infantería de los reales ejércitos de su majestad y teniente de alcalde mayor de este partido.

" 1770. — Don Jerónimo de la Vega Lacayo, alcalde mayor.

" 1770. — Don Francisco Antonio Bonilla.

" 1771. — Teniente de alcalde mayor, Francisco Antonio Bonilla.

" 1772. — Pascual Zepeda, teniente de alcalde mayor.

" 1774. — Francisco del Castillo y Rada, teniente de alcalde mayor.

" 1774. — José de Medina Valderas, capitán de caballería española y teniente de alcalde mayor.

" 1775. — José de Medina Valderas, juez comisario.

" 1776. — José de Medina Valderas, teniente de alcalde mayor.

" 1777. — José de Medina Valderas, capitán de caballería española y teniente de alcalde mayor.

" 1778. — Don José de Casco, comisario de la Real Cancillería.

" 1779. — Subteniente de alcalde mayor, José de Medina Valderas.

" 1780. — Subteniente de alcalde mayor, José de Medina Valderas.

" 1781. — Pascual Zepeda, capitán e intendente de caballería.

" 1784. — Teniente de alcalde mayor, Miguel José Garín.

" 1786. — Ambrosio José Valle, teniente de alcalde mayor.

" 1786. — José Manuel Garmendia, capitán de milicias y teniente de alcalde mayor.

" 1787. — Bachiller don Francisco de Córdova, juez comisario.

" 1787. — Pascual Zepeda, juez comisario.

" 1790. — Bernardino de la Serna, alcalde ordinario.

" 1790. — J. Tomé, alcalde ordinario.

" 1791. — J. Tomás Idiáquez, alcalde ordinario.

" 1791. — José Tomé, alcalde ordinario y de primera vara.

" 1791. — J. de Zelaya, alcalde de primera vara.

" 1792. — Tomás Idiáquez, juez y alcalde ordinario.

" 1792. — José Dolores Tomé, alcalde ordinario.

" 1793. — Don José de Rojas, alcalde.

" 1795. — Juan Manuel Gallardo, alcalde ordinario.

" 1796. — José de Medina Valderas, alcalde ordinario.

" 1797. — José de Medina Valderas, alcalde ordinario.

" 1797. — Antonio Lazo Rojas, alcalde ordinario.

" 1798. — Bernardo Maradiaga, alcalde ordinario y teniente subdelegado.

" 1801. — Ignacio Medina Valderas, alcalde ordinario.

" 1802. — Juan Miguel Tomé, teniente de Gobernación.

" 1803. — Antonio Norberto Serrano Polo, jefe de la Provincia.

" 1803. — Juan Manuel Gallardo, teniente gobernador de este partido.

" 1804. — Ignacio Medina Valderas, teniente de gobernador.

" 1804. — José Manuel Gallardo, teniente gobernador de este partido.

" 1805. — José Benito Padilla, teniente de gobernador.

" 1806. — José Tomás Gamero, alcalde 1º.

" 1808. — José Narciso Rojas, teniente de Gobernación.

" 1809. — Rafael Vásquez, teniente de las milicias.

" 1813. — José Miguel Zepeda, cura y teniente de alcalde mayor.

" 1815. — José Narciso Rojas, teniente de alcalde mayor.

" 1817. — José Narciso Rojas, teniente de alcalde mayor.

Esta lista la formó don Eduardo J. Moncada, ex juez de Letras de Danlí, por encargo del autor de este libro, quien agradece su deferencia.

VI: LA REAL CAJA DE RESCATES

Don Juan Antonio de Hervas Zeballos fue ensayador de la Real Caja de Rescates con 400 pesos, durante 25 años, 11 meses y 6 días. El 27 de noviembre de 1770 salió de Guatemala para este *destino de nueva creación*. Estuvo hasta fin de diciembre de 1796. Tenía 55 años.

VII: EL PUENTE DE GUACERIQUE

(Véase el capítulo XIII, número 4°)

LISTA que, de orden del señor alcalde mayor, forma el alcalde de la Santa Hermandad de los vecinos de Yaguacire y demás comprendidos en su jurisdicción, que voluntariamente contribuyen al puente que se trata de construir en el río de Guacerique, y es como sigue:

Don Francisco Midence ha ofrecido un toro	$ 5.0	
Doña Francisca Midence, id. Id	5.0	
Doña María Josefa Midence, cinco pesos que le debe Leandro Chavarría	5.0	
Don Nicolás y don Teodoro Gómez, un peso que les debe Francisco Flores y cuatro reales cada uno durante el trabajo	1.0	
Manuel Matamoros	0.3	rls.
José Manuel López	0.2	"
José María Flores	0.2	"
Pedro Cárcamo	0.2	"
Victoriano Velásquez	0.2	"
Manuel Flores	0.2	"
Hermenegildo Sierra	0.2	"
Francisco Espinal	0.3	"
Feliciano Reyes	0.2	"
Alejo Flores	0.2	"
Juan Flores	0.1	"
Anastasio Matamoros	0.2	"
José Antonio Matamoros	0.2	"
Marcelo Mayorga	0.2	"
José Apolinario Flores	0.2	"
Marcelo Valladares	0.1	"
Pedro Matamoros	0.2	"
José Aguilar	0.2	"
Cipriano Cruz	0.2	"
Juan Manuel García	0.2	"
José María Rodas	0.2	"
Pío Rodas	0.2	"
Lino Cruz	0.2	"
Lorenzo Cerrato	0.2	"
Pablo Flores	0.4	"
Pablo Andino	0.2	"
Francisco Flores	0.1	"
Mauricio Flores	0.1	"
Suma (S.I.)	$ 23.0	

Hacienda de los Horcones, 3 de junio de 1819. Francisco Irías.

VIII: EL PARTIDO DE NACAOME

(Véase el capítulo XVIII, números 3° y 5°)

Don José Benito Contreras, teniente de alcalde mayor de la villa de Nacaome, describe este partido, con fecha 28 de junio de 1820, en los términos siguientes:

"1°. — La villa de Nacaome, cabecera de este partido, está situada sobre un río abundante de agua en el verano, y por consiguiente en el invierno cuando crece se pasa en canoa: su agua es superior en calidad, saludable, de las mejores de los ríos de esta costa y el temperamento aunque caliente es saludable; y a tres leguas y cuatro de distancia de los puntos que hay o salen de esta costa para el seno o puerto de Conchagua que está al sursuroeste y en línea aislados los dos cerros que les llaman del Tigre y Zacate de la comprensión de este partido; está una montaña en la costa, útil de maderas de caobano, cedro de espino y real, pero muy saqueadas con las labranzas de maíces, maderas para la iglesia y en ellas muchas fincas de platanares y árboles frutales de naranjas, aguacates, zapotes, etc., del vecindario de pardos, cuya montaña es de tres dueños, del común de esta villa, de la hacienda del Tular y de la Agua Caliente; en esta parte o punto hay once puertos: el Tamarindo, Peñitas, Baraja, Brea, la Barra del río, la Manzanilla o Chismullo, el Apintal, Quilinchuche, Papalón, San Lorenzo y Salamar; de los cuales se puede o conviene cerrar siete y abrirse cuatro que son: el Salamar, San Lorenzo, la Barra de este río y la Brea; estando este último a distancia del de Salamar como cuatro leguas largas.

En la circunferencia de esta villa hay varios valles: el de Guacirope con un riachuelo mediano con agua permanente en el verano, que se aumenta o incorpora en esta villa con el río Grande; el valle del Rosario, el del Guayabo, Tamarindo y el Tular; y para el poniente el valle de Sonare, San Rafael, Agua Fría y San Antonio, de cuyo valle se sube al de Moropocay que está en un cerro encumbrado al lado del norte, que arriba en su altura es ocotal y llanos con varias vertientes de agua, y su temperamento es medio. La comprensión de este partido tiene de oriente a poniente veinte leguas y de sur a norte diez leguas largas. De esta villa a la de Choluteca hay doce leguas, camino real para la provincia de León, y está en la línea al sureste, cuarta al sur. De esta villa al pueblo de Pespire de este partido hay cuatro leguas, al noreste, cuarta al este, camino real para la villa de Tegucigalpa. De esta villa al pueblo de Guascorán, partido de Aguanqueterique, hay la distancia de ocho leguas al noroeste, cuarta al oeste, camino real para la provincia de San Salvador. De esta villa al pueblo de Langue hay cinco leguas quedando al norte camino real para la ciudad de Comayagua, de modo que esta villa es la garganta de las provincias del reino.

El número de familias de que se compone esta villa es el de seiscientas once fuera del pueblo de Pespire según el padrón formado; entre estas hay diez y ocho de españoles, la menor parte con haciendas pudientes de ganados vacuno, caballar y mular, y el resto de esta clase de la misma crianza de hatos de corto haber; y las quinientas noventa y tres familias restantes de pardos, las doce con considerable número de bienes de las mismas especies; cuarenta con menor número y todas generalmente con sus fincas de platanares y árboles frutales de la tierra (esto es de los vecinos acomodados) y el resto de la población en general no dejan de tener sus cortos bienes siendo muy pocos los que absolutamente no tienen. Las tierras que tiene esta villa son compradas por el vecindario de Pardos (sin ejidos) y todas las que hay en su circunferencia tienen dueños sin haber terreno realengo.

El ejercicio de sus moradores es la agricultura, pues los jornaleros se dedican a los trabajos de los dueños de fincas y de los labradores de granos; y por lo demás en general, las mujeres en hilados, tejen sus telas y también algunos hombres, otros en hacer teja. Hay escuela de niños de primeras letras y otros dedicándose a oficios de herrería, zapateros, sastres y carpinteros etc., por las providencias dictadas de buen gobierno del señor alcalde mayor de la Provincia. La policía está en un total desarreglo aun desde la fundación de esta villa; pues solo hay dos calles mal formadas, las casas que hay son ochenta de mala construcción, la mayor parte de paja; y treinta que están en la Nueva Reducción; hasta ahora que se han dictado en visita las providencias activas y convenientes para la reunión de gentes, arreglo de casas y calles, y la continuación de la obra de la iglesia en la Nueva Reducción que hace más de veinte años a que se dio principio y estaba muerta, y ahora están acopiándose materiales para el verano; siendo el estado en que está el de media portada de cal y canto y las paredes, de adobes, para subir maderas. La iglesia que en el día tiene esta villa está muy maltratada que por su buena construcción y reparos que se le han hecho no se ha arruinado. El cabildo que hay es nuevo, de adobes y teja, con tres piezas, sala y un cuarto de cada lado, que estos sirven, el uno de calabozo y el otro para las mujeres.

2º. — Los caminos reales que tiene esta villa existentes son cuatro: el que sale para Choluteca a la provincia de León, el que va para el pueblo de Pespire a la villa de Tegucigalpa, el que sale para el pueblo de Guascorán para la provincia de San Salvador y capital del reino y el que sale para el pueblo de Langue para la ciudad de Comayagua, los cuales a entradas y salidas de invierno se componen, habiendo a proporción de dichos caminos reales, haciendas para alojamiento y el surtimiento que necesitan los pasajeros y tropas.

3º. — La agricultura de este pueblo y labores son fincas de platanares en la montaña que son cuantiosas con frutales de la tierra, labranzas de milpas y algodón; siendo las tierras pingües por naturaleza, sin tener riego alguno porque no hay proporción de modo que son apropiadas para siembras de cacaguatales; y fuera de la montaña se compone de siembras de maíces y no de otros granos; dedicándose también a la fábrica de sales que dan completo surtimiento a los hacendados y Minerales de la Provincia, siendo también las tierras que no son de montaña propias para siembras de añil, que por fondos o habilitaciones no se dedican las gentes, sin haber otras proporciones para fincas de caña o de igual naturaleza.

4º. — El de industria o artes está reducido a lo antes relacionado, por el poco o ningún conocimiento que hay en las gentes de este país.

5º. — El comercio activo de esta villa es la venta de ganados y quesos y la fábrica de sales y puede fomentarse con las siembras de cacao por lo fértil de las tierras de la montaña de esta villa, y las siembras de añil fuera; de forma que, abriéndose comercio en los puertos indicados de esta costa, estando en la garganta de todas las provincias del reino, vendría a ser esta villa uno de los lugares de mayor comercio, y útil a los reinos vecinos y naciones extranjeras, pudiendo facilitar algún fondo para las siembras de cacao y añil, para el fomento de los cosecheros que se dediquen a estos tan preciosos frutos.

6°. — En este partido no hay mineral alguno acaso porque no hay inteligentes para descubrimientos ni las gentes son aplicadas a este arte, tan solo a la agricultura en granos de primera necesidad que es a lo que se dedican.

7°. — Por lo que hace al pueblo de Pespire, único de este partido, este se compone de trescientas dos familias; reunidas habrá cuarenta y tantas en el pueblo y las demás dispersas en los valles. La iglesia que hay es provisional, pared de bajareque, cubierta de teja, muy chica y se trata de reedificar la iglesia vieja que solo han quedado los cimientos hace más de veinte y tantos años; este pueblo está pegado a un cerro del lado del oriente; del lado del noreste un riachuelo mediano, el cual se junta con el río Grande que corre al poniente, de forma que el pueblo está entre los dos ríos; su temperamento y aguas es saludable y no tan caliente como el de esta villa, y por providencias dictadas por el señor alcalde mayor de la Provincia en el día se están reuniendo las gentes y tratándose de la reedificación de dicha iglesia.

En el número de familias de este pueblo hay setenta y una (de españoles) del valle de San Juan algunas de estas de españoles pobres y otros que tienen su corto haber de ganados y fincas de caña y platanares; y lo mismo los pardos, siendo el ejercicio de estos y patrimonio a más de las siembras de maíces y arroces las fábricas de sales en la costa; sin poderse cultivar otros frutos por no ser las tierras húmedas y fértiles, y no son competentes las tierras para el número de vecinos por la abundancia de animales que hay, pues son muy pocos los que no tienen; tierras realengas no hay porque todas tienen dueño y ejidos solo tiene el pueblo de indios y no el vecindario de pardos.

En este partido no hay milicia ni tropa alguna existente, pareciendo muy conveniente el que la haya por la inmediación que hay de los puertos a esta villa sobre que ya en otro tiempo ha sido asaltada de los enemigos, habiendo como hay competente número de gentes para la instalación de dos compañías, siendo oficiales de estas de los vecinos que hay españoles de la villa, y sin perjuicio del ramo de agricultura".

IX: ERECCIÓN DEL REAL DE MINAS EN VILLA

(Véanse los capítulos II, núm. 1° y XXII, núm. 4°)

1. Nómina de los vecinos principales del Real de Minas de Tegucigalpa en 1762

En esta villa San Miguel Tegucigalpa de Heredia, a los diez y ocho días del mes de agosto de mil setecientos, sesenta y dos años: nos., los capitanes don Vicente de Toledo y Vivero, y don José de Celaya: en atención a el auto y diligencias que anteceden, se ha puesto a nuestro cuidado la facción de lista o nómina de los vecinos de que se compone este vecindario; para lo que bien instruido de todo, unánimes y conformes, procedemos a ejecutarla en la forma y manera siguiente:

Primeramente el capitán don Miguel Cervellón de Santa Cruz, teniente general de alcalde mayor, que ha sido de esta Provincia, por espacio de diez años, y otros tantos, o más, de teniente de gobernador, en el partido de Olancho el viejo y en él capitán a Guerra, es originario de este real, y de los más antiguos pobladores y conquistadores de esta parte de indios, casado en igual familia, y con conocidas facultades.

El coronel, don Miguel Midence, es sujeto de la primera graduación, llegó a el empleo que tiene sirviendo a S. M. desde el de Alférez. Goza del mismo privilegio que el antecedente, como que tuvo su origen de los troncos, que el dicho por la parte materna, y por la paterna no menos, por ser sus ascendientes de los pobladores de la ciudad de Comayagua, tiene competentes facultades.

El comisario don Francisco de Celaya, es de igual condición que los antecedentes; el cual goza por la parte materna el privilegio de la familia de los Escotos, como que lo era su madre en la que hasta hoy reside la autoridad del Gobierno de Jicaques en la nueva conquista de estas provincias; y no menos por su padre, quien gozó en esta los honores militares hasta el de maestre de campo, y en lo político el de justicia mayor, por algún tiempo y por muchos años el de teniente general de alcalde mayor, como también por su descendencia, que fue de la principal familia que pobló y descubrió a Comayagua; es de cortas facultades.

El capitán don José de Celaya como hermano de padre con dicho don Francisco, es visto gozar de los fueros de aquel tronco, no siendo menos meritado por su madre, la que según noticias es de las familias pobladoras de Comayagua, y por sí con haber obtenido por muchos años el empleo de teniente de gobernador y capitán general en el partido de Olancho, el Viejo, donde ha residido hasta ahora veinte años; es el sujeto de mayores facultades de esta provincia.

El sargento mayor, don Luis Manuel de Rivera, como hijo del capitán don Antonio de Rivera, goza de el privilegio de descubridor por sus ascendientes y poblador de la ciudad de la nueva Segovia. Y por hijo de doña Josefa Idiáquez, igualmente que don Francisco de Celaya como dependientes; es de medianas facultades.

El capitán don Miguel de Lardizábal, natural señorío de Vizcaya, es el más antiguo vecino de los ultramarinos que residen en este lugar de conocida calidad como legítimo sobrino del Sr. Lardizábal, dignísimo obispo, que fue del Obispado de la Puebla; el dicho don Miguel es casado, en una de las principales familias de este vecindario, en la que ha sido hereditario el oficio de alcalde provincial, hasta la muerte de don Cristóbal de Sobrado Santelices, padre que fue de la mujer de dicho Lardizábal, quien ha sido más de diez años teniente de alcalde mayor en el mineral del Corpus; es de cortas facultades.

El comisario, don Francisco de la Rosa Aguayo y Aguilar, caballero notario como consta de sus papeles, que en custodia de este dicho mantiene, y si necesario fuere hará manifestación de ellos; es del reino de Córdova, nativo en la Villa de Cabra; vino a este reino en la familia del ilustrísimo señor don Isidro Marín, dignísimo obispo, que fue del Obispado de León; de España, a el citado obispado vino el dicho don Francisco de su secretario y mayordomo mayor; faltando dicho Sr. Obispo, se vino a este lugar en el que ha obtenido en lo militar el empleo de comisario de caballería, y en lo político el que hoy obtiene de juez subdelegado del Real Decreto de Tierras; tiene suficientes facultades; es casado con doña Juachina Ortiz de la Sierra, una de las señoras principales de este lugar, pues es legítima nieta del sargento mayor don Antonio Castro Verde, en quien, siendo vecino antiguo de este lugar, recayeron en su persona los empleos siguientes: el de capitán de infantería española del número, por más de seis años, otros tantos años o más, el cargo de tesorero de la Santa Cruzada, siéndolo generalmente de todo este Obispado; con cédula de S. M. que para el ejercicio de este cargo le hizo merced, con título de S.M. librado por su audiencia, y real cancillería de la ciudad de Guatemala; fue muchos años sargento mayor de esta plaza, siendo, a su comando, las de toda esta provincia cuyo empleo sirvió con los lucintos, que ha acreditado, y acredita la voz pública de este vecindario, y toda esta provincia. En estos años también obtuvo el cargo de correo mayor de este reino; fue muchos años teniente general de alcalde mayor, hasta que por providencia de S. M. entró a servir esta Alcaldía Mayor de Justicia Mayor de ella por dos años y meses, hasta que vino sucesor a él, a quien entregó el comando; él que y los demás alcaldes mayores, que se siguieron, por conviene le mantuvieron siempre de teniente general hasta su fallecimiento. Igualmente goza de estos honores, don José de Castro Verde, asentista del real ramo de Aguardientes, quien ha servido a su majestad de Alférez de Caballería, después pasó de teniente de alcalde mayor a la Villa de Xerez de Choluteca en tiempo que estaba extinguido el Ayuntamiento de aquella villa en cuyo tiempo lo restableció su majestad y logró el ser rector del nuevo establecimiento de la villa, y los capitulares de ella, entrando a su primera junta, para la elección de oficios de aquel año, unánimes y conformes le votaron, y eligieron para su primer alcalde ordinario de primer voto; este es de escasas facultades.

Don Agustín Jiménez, natural del reino del Perú, es uno de los sujetos que con mayor esfuerzo se ha dedicado a fomentar los templos y obras públicas, con su caudal, está casado en la familia de los precitados Cervellón, Midence y Celayas; es de conocidas facultades.

El capitán don Benito Bonilla tanto por sí, cuanto por su esposa, que es hija del maestre de campo, don Gaspar de Artica, es sujeto de la primera distinción pues de público y notorio se sabe que así en lo eclesiástico, como en lo político, y militar, han ocupado sus ascendientes los primeros empleos por honor que tuvieron de ser pobladores y descubridores; es de cortas facultades.

El capitán don Pedro Martín de Celaya es hijo del capitán don José de Celaya, de quien queda dicho el mérito a el que acompaña el ser actualmente el dicho don Pedro, capitán de infantería española de número de este real; es de medianas facultades.

El capitán don Francisco Bonilla, por sí y por su esposa (que es hija del coronel don Diego Ramírez) es de igual mérito con don Benito Bonilla, su hermano; tiene cortas facultades.

El capitán don Luis Cervellón de Santa Cruz tiene expresado su mérito por el de su padre; es casado en la familia, que dicho su padre: es de algunas facultades.

Don Antonio Betancur y Braga es nativo de Islas Canarias, es soltero, avecindado en este lugar de muchos años, tiene fabricada casa, y totalmente arraigado; utilísimo en la República, y especialmente en los templos, dedicado tanto a el cultivo divino que tiende a entender venir de claro nacimiento y de muy buena gente por lo que ejemplariza a todo el vecindario; es de conocidas facultades.

Don José González Agüero, nativo de Toledo en los reinos de España, y en este lugar es actualmente teniente de infantería española; es casado con una niña de calidad conocida, tiene algunas facultades.

Don Francisco Antonio de Oxmenete, natural del señorío de Vizcaya es casado con una sobrina del sargento mayor, don Luis Manuel de Rivera, cuyo mérito queda expresado; es de cortas facultades.

Don Miguel González Roves, natural de Asturias, es hermano de don José González Roves, vecino de graduación en la ciudad de Guatemala, casado con hija legítima del capitán don Miguel Cervellón, de quien ya está dicho el mérito; es de pocas facultades.

El capitán don Juan Franco, natural de la ciudad de Cádiz, es actual capitán de Caballería; fue casado en una de las primeras familias de este vecindario; no tiene facultades.

Don Santiago de Celaya es hijo de don José de Celaya y casado con hermana del sargento mayor don Luis de Rivera, de quienes se ha dicho el mérito; es de algunas facultades.

El capitán don Gerónimo de Prieto, sujeto de conocida distinción y descendiente de los pobladores de este real; casado con señorita de igual distinción; tiene facultades.

Don Carlos Castejón de Zúñiga, don José Miguel, su hermano, y don Miguel Castejón, sobrino de los dos, son todos tres las familias distinguidas de este Departamento, e igualmente gozan dicho mérito don Matías, don Juan, don José Nicolas, don Manuel, y don Francisco de Cárcamo e Irías; todos los expresados en este párrafo no tienen ningunas facultades.

Siguen a los referidos en el mérito de su descendencia don Miguel de San Martín, don Juan José Lozano, y tienen estos dos sujetos, el primero limitadas facultades y algunas el segundo.

Don Lucas Romero, y Celaya, don José Antonio Lozano y Velasco, don Vicente y don Manuel Francisco Cabañas y Rivera, don José Celaya y Midence, y don Antonio Galindo gozan del fuero de descendientes de los más antiguos pobladores y conquistadores, e igualmente don José Miguel y don Antonio Midence, todos son de cortas facultades.

Don José Gabriel de Madariaga y Bonilla, como primogénito del maestre de campo, don Juan de Madariaga, teniente general de alcalde mayor que fue de esta Provincia subsede su casa con don Baltasar, su hermano, cuya descripción de mérito es la de sus tíos, don Benito y don Francisco Bonilla.

Don Gaspar, don Miguel Artica, don Antonio Santiago Cárcamo y don Lorenzo López de Padilla, tienen relacionado su mérito por el de don Miguel Cervellón, y don Francisco Celaya como ramas de aquellos troncos; todos los relacionados en esta partida son de escasas facultades.

El Alférez don Martín de Zepeda, y sus tres hijos, don Martín Nicolás, don Pedro y don Pablo de Zepeda, descendientes todos por sus padres y abuelos de los primeros pobladores de este lugar, y siempre tenidos y respetados por sujetos distinguidos en este real; todos los dichos de ninguna facultad.

Don Manuel Ramírez, quien actualmente goza del empleo de teniente de Caballería, es hijo legítimo del coronel don Diego Ramírez, vecino que fue de este lugar; hombre de toda distinción, quien fue casado en primeras nupcias con la madre del Dtro. Don Manuel, que lo fue de doña Ignacia de Herrera Casco y Beltrán, señora de toda distinción, pues su madre fue de las familias de aquellos conquistadores, y pobladores de cuyos privilegios y fueros goza el precitado don Manuel, quien no tiene facultades.

Don Luis José de la Paz, actualmente obtiene el empleo de teniente de Caballería, goza por su bisabuelo, abuelo y padre, el mérito de antiguos pobladores en este lugar, de empleos honoríficos, que en ellos recayeron, como que los dichos tres menciona, dos mantuvieron siempre de uno en otro el empleo de alcalde provincial de la Santa Hermandad de la Villa de Xerez de Choluteca; es casado dicho don Luis con una niña principal de este lugar; y el susodicho es de cortas facultades.

Con lo cual queda cerrada esta lista o nómina; la que hemos practicado con desinterés, desapego y sincero ánimo según el conocimiento y relaciones tradicionales que hemos adquirido con la fatigosa tarea, que hemos tomado en desempeño del empeño, y obligación en que nos puso el respecto del Sr. Dr. Don Francisco Nicolás de Busto y Bustamante, alcalde mayor por S. M. y teniente de capitán general en esta Provincia; a quien de todo lo faccionado hacemos debida y puntual entrega de quien quedamos esperando órdenes de su agrado tanto en el presente sistema de que se trata, cuanto en los más asuntos que por bien tuviere; fecha ut supra.

VICENTE DE TOLEDO Y VIVERO.

JOSÉ DE CELAYA.

En esta Villa de San Miguel de Tegucigalpa de Heredia, en veinte y uno de agosto de este presente año de mil setecientos sesenta y dos, ante mí el Dr. Don Francisco Nicolás del Busto y Bustamante, alcalde mayor y teniente de capitán Gral. de esta Provincia por S. M. y testigos, con quienes autúo por hallarse el Excmo., entendiendo de mi orden en negocios del real servicio y justicia; los capitanes don Vicente de Toledo y Vivero, electo alcalde mayor por S. M. del partido de Jalapa, y don José de Celaya, me entregaron la lista de los vecinos distinguidos de esta feligresía para que en su satisfacción, y de haberla formado con todo arreglo y pureza, procediese a instruir las demás diligencias que se me mandan y cometen por el Superior Gobierno de este reino, y porque no se demore el curso de ellas con pretexto alguno, ni por falta de requisito dejen de obrar los efectos que se pretenden, mando se agreguen a esta actuación y hecho se proveerá relativamente a lo que es consiguiente, a el hecho disposición y decreto que comprenden el Despacho de Erección de este dicho real en Villa, y para que conste lo firmé día, mes y año expresados con dichos testigos de que certifico. — Dr. Don Franco Nicolás del Busto y Bustamante. — Juan Martín de Asoserena. — José Navarro.

II. Confirmación del título de Villa de Tegucigalpa [*]

(a) El rey

Gobernador capitán general y presidente de mi Real Audiencia de las Provincias de Guatemala y oficiales de mi Real Hacienda de ella, que residen en la ciudad de Santiago. Por despacho de este día he concedido título de Villa al pueblo del Real de Minas de Tegucigalpa, sin más término ni jurisdicción que las cuatro leguas comprendidas en el diseño que a este fin se ejecutó, y entendiéndose sin perjuicio de la que ejerce el alcalde mayor, con facultad de que pueda usar de la divisa o escudo de armas que elija o la señale esa misma Real Audiencia; y estando declarado que por esa merced debe satisfacer en contado al derecho de la media anata mil cuatrocientos cincuenta reales de plata doble antes de entrar en posesión de ella, y asimismo hacer obligación de pagar igual cantidad de quince en quince años perpetuamente; os lo participo para que dispongáis que esta nueva Villa antes de entrar en el goce de los privilegios que la concedo y que como a tal le corresponden, satisfaga en una sola paga la expresada cantidad, con más el importe de su conducción a estos reinos, y que asimismo haga a vuestra satisfacción o de la persona que en esa ciudad corriese con la recaudación del derecho de la media anata escritura de obligación de que de quince en quince años perpetuamente pagará a mi Real Hacienda la expresada cantidad de mil cuatrocientos cincuenta reales de plata doble que corresponden a este derecho, por ser así mi voluntad, y que de este despacho se tome razón en las Contadurías Generales de valores, Distribución de mi Real Hacienda y mi Consejo de las Indias y en los demás oficios a

[*] Esta real cédula y la siguiente, de don Carlos III, fueron publicadas por el Dr. Don Santiago I. Barberena en LA QUINCENA de San Salvador, número 16, correspondiente al 15 de noviembre de 1903.

donde corresponda. Fecha en Madrid a diez y siete de julio de mil setecientos sesenta y ocho.

YO EL REY

(B) El rey

Don Pedro de Salazar, brigadier de mis Reales Ejércitos, gobernador y capitán general de las Provincias de Guatemala y presidente de mi Real Audiencia que residen en la ciudad de Santiago.

Por despacho de este día he hecho merced a los vecinos del Real de Minas de Tegucigalpa, uno de los pueblos de vuestra jurisdicción, del título de Villa que ha solicitado, sin perjuicio de la del alcalde mayor con solo la demarcación de las cuatro leguas comprendidas en el diseño que a este fin se ejecutó y con el distintivo de que pueda usar del escuro de armas que elija o la señale mi Real Audiencia de esas provincias, en atención a lo abundante que es de ganados y géneros con que sus naturales acuden a la Feria del Cerro Redondo y a que con sus muchos minerales casi sostienen la labor de la Real Casa de Moneda de esa ciudad y a las innumerables cantidades que en quintos y consumo de azogues han rendido a mi Real Hacienda y a los nuevos servicios de haber ofrecido servir por esta gracia con mil pesos de sus propios fondos, por vía de donativo y cantidades del remate de los oficios que se creasen, con más tres mil pesos propios de ella, y obligándose a construir a su costa la cárcel y casas consistoriales, con la calidad de que se estableciesen seis regimientos sencillos y cuatro dobles de Alférez Real, alguacil mayor, alcalde provincial y depositario general, el oficio de escribano, y que el alcalde de primer voto fuese teniente del mayor. Y habiendo condescendido a esta instancia, y expedídose el título correspondiente con la fecha de esta, para que se le guarden los mismos honores, preeminencias y prerrogativas que a las otras villas; y que estos oficios se hayan de sacar a la Almoneda para que ceda su remate en beneficio de mi Real Hacienda, os lo participo a fin de que deis las órdenes y disposiciones necesarias para que los necesarios oficios se saquen a pública Almoneda y subastación, rematándose a favor de mi Real Hacienda en el mayor postor, y os ordeno y mando que precedidos los demás requisitos y circunstancias que en semejantes casos se practican, expidáis a los respectivos postores los títulos correspondientes para que acudan a mi Consejo de las Indias, dentro del término definido por las leyes a sacar mi real confirmación; y asimismo que promováis con todo esfuerzo la continuación y conclusión de las citadas Cárcel y Casas Consistoriales, haciendo que (en caso de no estar concluidas) destinen sus vecinos fondos seguros y correspondientes a la total perfección; y que los tres mil pesos que depositaron para propios de ello los invirtáis en fincas seguras o impongáis a censo con los réditos a estilo del país, y que no contemplándolos suficientes para sus anuales precisas erogaciones, dispongáis y preciséis en caso necesario a los sujetos que se obligaron en el poder y escrituras insertas en las diligencias que se han practicado a que amplíen el fondo hasta lo competente para ellos. Que así es mi voluntad. Fecha en Madrid a diez y siete de julio de mil setecientos sesenta y ocho.

YO EL REY.

III. Ayuntamiento de Tegucigalpa

En la real villa de San Miguel de Tegucigalpa, a los 17 de junio de 1769 años, en virtud del auto que en doce del presente se me notificó, pasó a hacer la relación que se pide, en la forma y manera siguiente: el año de 63, que fue el primer año que se crearon alcaldes por orden del Superior Gobierno, eligieron los vecinos con el alcalde mayor que lo era el Dr. Don Francisco del Busto y Bustamante, a don Francisco de la Rosa y Aguayo y al sargento mayor, don Luis de Rivera; por procurador síndico, a don Antonio de Bragas; y para alcalde de la Santa Hermandad a don José de Zelaya y Midence y don Antonio Santiago Cárcamo. El año de 64 fueron alcaldes ordinarios don Miguel Midence y don Antonio Bragas; procurador síndico don Benito Bonilla, alcalde de la Santa Hermandad don Julián Irías y don Antonio Santiago Cárcamo. El año de 65 fueron alcaldes ordinarios el regidor don José González Agüero y el capitán don Pedro Mártir de Zelaya, síndico procurador el regidor don José de la Rosa y Aguayo; alcalde de la Santa Hermandad don Gabriel de Artica y don Francisco Cárcamo. El año de 66 fueron alcaldes ordinarios el regidor don José Miguel Castrejón y don Francisco Urmeneta, y en el primero recayó por muerte del alcalde mayor y teniente de capitán don Francisco del Busto y Bustamante el empleo de justicia mayor, procurador síndico fue don Francisco Borjas; alcalde de la Santa Hermandad don Antonio Midence y don Pedro Cosme y Villafranca. El año de 67 se reeligió de alcalde 1º don José Miguel Castrejón quien continuó de justicia mayor, y de segundo el regidor don José de la Rosa y Aguayo, procurador síndico don Miguel Gonzáles Roves, alcalde de la Santa Hermandad don Antonio Midence y don Antonio Luque. Desde la erección de villa, hasta le año que se pidió, han ejercido oficios en el Ayuntamiento, y fuera de él los que siguen: Alférez Real lo serví yo, alguacil mayor lo fue el finado don Agustín Jiménez hasta el año de 67, alcalde provincial don Francisco de Zelaya y depositario don José de Zelaya, regidor don José Miguel Castrejón, regidor don José Agüero, regidor don José de la Rosa y Aguayo, regidor don Juan Antonio Borjas, regidor don Pedro Mártir de Zelaya y escribano público y real don Lucas Romero y este sirvió en el Cabildo un año, que fue el de 64. Con lo que acaba esta relación y por ser así lo firmé.

FRANCISCO DE LA ROSA.

En esta fecha se dio al alcalde mayor, don Jerónimo de la Vega Lacayo, una relación sacada de esta, y para que conste lo siento.

[No hay firma aquí]

IV. Jurisdicción de la Villa

Don Manuel Antonio Vásquez y Rivera, regidor perpetuo, alcalde ordinario de primer voto y teniente por S. M. de esta real villa de San Miguel de Tegucigalpa = a virtud de solicitarse por la Subdelegación del Partido cuáles son los términos o demarcación de la jurisdicción de este cabildo para saber la que pertenece a la citada subdelegación; habiendo traído a la vista los autos de erección, mapa, real título de confirmación de esta real villa de San Miguel de Tegucigalpa y Heredia con los demás documentos del caso, parecen en ellos los parajes o lugares más señalados y conocidos en su centro y en los que hace término la indicada jurisdicción en la forma siguiente: = Villa de Tegucigalpa = Pueblo de Tegucigalpa = Pueblo de Comayagüela = Cuesta de Támara = Estancia y hato de San Martín = Valle del Potrero = hasta la estacada = Santa Rosa = Jacaleapa = Valle de Suyapa = Hato del Sitio = hasta cuesta de Mololoa = Sabana Grande = Rincón = Río de la Vila y en sus vegas están radicados los indios de Tegucigalpa = Soroguara = Pueblo de Támara = Hato de las Cuevas = Coyoles = Hato de Amarateca = Río del Hombre hasta el pie de la cuesta de zambrano = Coa = Valle del río Hondo = Paraje de la Hermita y hato de Cosme Cantoral = Archaga = Hato de Guacalquivir = Valle de Jalaca = Valle de Talanga = Agurcias = Labranza

NORTE

Hacienda del Tamarindo donde hace fin= Desde el término norte mirando sobre la estaca firme al paraje de la Mololoa que mira a la casa del regidor nominado don Juan Antonio Borja, en la demarcación de este rumbo la que comprende Jalteva= El Ojo de Agua = Don Feliz Escoto = Cáceres = Labranza = y Agurcias; los restantes de la partición hasta la Mololoa no se señalan, porque de los Agurcias para adelante es lo desierto e impenetrable de la montaña de San Juan que confina con el sitio de dicho

ORIENTE

Juan Antonio Borja= El rumbo de oriente a sur comprende su línea y término al pie del cerro del a Mololoa hasta el pie de las minas de San Salvador, quedando estas fuera del término = de aquí sigue el otro rumbo de oriente a poniente = Carranza = Jacaleapa Arriba = Santa Rosa = Cañada de la Estacada = Loarque = Casas de don Antonio García = Las de don Miguel Midence = La Chácara de doña Mariana Rivera = o la de don Gabriel Cabrera = Y de este rumbo sigue sur a norte al citado hato de San Martín =hasta pegar la línea al Paso del Hombre y Cerro del Redentor; lo cual se incluye en la jurisdicción de esta villa hasta volver a concluir dicho rumbo con los linderos del Tamarindo y parajes que allí se citan, quedando exclusos de su jurisdicción = Talanguita = Hato de don Antonio Santiago Cárcamo = Santa Cruz = de don Antonio de Luque y por el oriente los demás que haya fuera de su demarcación. Nótese en el mapa que desde el primer lindero de Tegucigalpa, desde el cual hasta el Río del Hombre cinco leguas castellanas de a cinco mil varas cada una y desde ella hasta el Tamarindo se indicaron once leguas que componen diez y seis, las mismas que se mandaron medir por el señor alcalde mayor y teniente de capitán general en convenio de este vecindario y respecto de ser impracticable la montaña que aparece hacia el oriente, no se corrió la medida a cerrarla donde comenzó, sino que pasando a dar caresada a la oncena por la parte del norte se llegó al citado paraje, procurando señalar esta estaca en la línea que correspondía de poniente a oriente, cuya demarcación he practicado con la debida solemnidad = y es fecha en 30 de abril de 1763 años, y para que conste lo firmé = Antonio José Avilés = Es fielmente sacado de su original, con lo que conviene en lo sustancial y con poca diferencia en lo material = Fho. en Tegucigalpa, a 9 de julio de 1763 = para constancia lo firmé = Lucas Romero = Tegucigalpa, octubre 24 de 1795 =

Firmándole con testigos de asistencia a falta de escribano que certifico.

MANUEL ANTONIO VÁSQUEZ

PEDRO ALCÁNTARA.   FRANCISCO ANTONIO BONILLA

X: GOBERNADORES DE HONDURAS

(Véase el capítulo XXII, número 4°)

Con la lista de los Gobernadores de Honduras hay que dar, aunque sea en forma de memorándum, una breve reseña histórica del descubrimiento y conquista del país y noticia de algunos sucesos ocurridos posteriormente hasta la independencia.

I. Descubrimiento y conquista. — Primeros gobernadores

1502. — Cristóbal Colón descubre a Honduras en su tercer viaje a Indias. Llegó a Guanaja el 30 de julio, estuvo frente a Punta de Caxinas el 14 de agosto y el 17 del mismo mes tomó posesión del territorio a nombre de los reyes de España, en el río que, por el suceso, se llamó *Río de la Posesión*. El 12 de septiembre dobló el cabo que llamó *Gracias a Dios*. Llamóse al país *Guaymura o Hibueras*; pero el nombre que había de subsistir fue el de la exclamación de Colón al doblar el cabo después de una tormenta durante la que no halló cómo fondear: *¡Gracias a Dios* que hemos salido de estas *honduras!* Así quedó bautizado el cabo con la primera parte de la frase y el país con la última palabra.

1506. — Juan Díaz de Solís y Vicente Yáñez Pinzón, tocan en Guanaja, y siguiendo al occidente recorren aquella parte de la costa. Luego dejando el Golfo de Honduras a la izquierda, sin verlo, avanzaron hasta Yucatán.

1522. — Descubierto el Mar del Sur por Vasco Núñez de Balboa, quien tomó posesión de él en 29 de septiembre de 1513, preparó una expedición que no pudo llevar a cabo. En 1522, Gil González Dávila y el piloto Andrés Niño vinieron por el sur a Centroamérica. Dávila desembarcó en Nicaragua, y Andrés Niño recorrió la costa y descubrió el golfo que llamó *Golfo de Fonseca*, en honor del presidente del Consejo de Indias.

1524. — Gil González Dávila que, por Panamá, había vuelto a la Española, sale de esta isla para Honduras el 10 de marzo. Se le murieron unos caballos cerca de un puerto y los echó al mar: de aquí el nombre de *Puerto Caballos*. Descubrió el cabo de *Tres Puntas o Manabique* y allí fundó la villa de *San Gil de Buenavista*. Avanzó al interior, y en Toreba, al oriente de Olancho, batió a Hernando de Soto, que había penetrado por Nicaragua.

Cristóbal de Olid desembarca a quince leguas al oriente de Puerto Caballos, el 3 de mayo, y funda la villa de *Triunfo de la Cruz* [*]. Rebelado contra Cortés, de quien era teniente, vino Francisco las Casas a someterlo. Las Casas cayó prisionero y lo mismo sucedió en seguida a González Dávila. Olid fundó en el interior la villa de *Naco*, y allí fue asesinado por los prisioneros. Las Casas mandó fundar *Trujillo*, y con Dávila se dirigió por tierra a México.

1525. — Cortés, que había salido de México para Honduras el 17 de octubre de 1524, llega a *Nito*, a donde se había trasladado la población de San Gil de Buenavista. El 8 de septiembre de 1525 funda la villa de la *Natividad de Nuestra Señora*, y luego pasa a Trujillo.

1526. — Sale Cortés para México y deja de gobernador a Hernando de Saavedra. Don Pedro de Alvarado, a quien llamó a Guatemala y que había llegado hasta Choluteca, al saber la partida de su jefe, emprende el regreso.

Gente de Saavedra funda el 16 de mayo, en Escamilpa, provincia de Huylancho, la *Villa de la Frontera de Cáceres*.

Con instrucciones del rey, la Audiencia de Santo Domingo nombra gobernador de Honduras. Designó para el cargo a Diego López de Salcedo. Las reales cédulas del nombramiento de este son de 20 de noviembre de 1525 y de 30 de agosto de 1526. Salcedo toma posesión el 26 de octubre.

1531. — Muere Salcedo a su regreso de Nicaragua, y deja la gobernación a Cereceda. Este gobierna con Vasco de Herrera y Diego Méndez les disputa el mando. Méndez se levanta, y Herrera es asesinado el 8 de octubre. Cereceda vence a Méndez y lo hace ejecutar, lo mismo que a los asesinos de Herrera.

---

[*] Todavía en los primeros años de la independencia se llamaba así este puerto. Hoy se llama *Tela*.

1532. — Diego de Albitez, nombrado gobernador por el rey, llega a Trujillo el 29 de octubre. Fue a la iglesia, inmediatamente que desembarcó, a cumplir un voto. Enfermó a los cinco días de su llegada, y murió a los cuatro días de enfermo. Dejó poder a Cereceda para gobernar.

1534. — Cereceda se dirige a Naco y funda *Buena Esperanza*. En este año se erigió la diócesi de Honduras.

1536. — Cereceda encarga la gobernación de la colonia, el 21 de mayo, al conquistador de Guatemala don Pedro de Alvarado. Este funda la villa de *San Pedro Sula* en el valle de Choloma, el 26 de junio, y manda a Juan de Chaves a poblar en el sur. Chaves funda *Gracias a Dios*. Alvarado hace repartimiento de los indios de la provincia y, con instrucciones que el 12 de agosto le dio el Ayuntamiento de San Pedro, en Puerto Caballos, se embarca para España. Era Alcalde de San Pedro, Alonso Ortiz.

El adelantado don Francisco de Montejo, nombrado gobernador por el rey, envía a Gracias a Alonso de Cáceres a tomar en su nombre posesión de su cargo. Luego llega Montejo y establece allí la capital de la provincia.

1537. — Montejo envía al capitán Alonso de Cáceres a pacificar el interior de Honduras. Cáceres funda la ciudad de *Santa María de Comayagua*. Después de haber sometido, por medio del mismo Cáceres, a los indios que acaudillaba Lempira, hizo Montejo una expedición a Comayagua y Olancho, y envió a recorrer la costa norte hasta el desaguadero, a uno de sus capitanes, el que fundó la villa de *Nueva Salamanca*, en la ribera norte de dicho río. Montejo proyectó también la construcción de un camino de Puerto Caballos al Golfo de Fonseca, que pasara por Comayagua.

1539. — Don Pedro de Alvarado, de regreso de España, llega el 4 de abril a Puerto Caballos, acompañado de su segunda esposa doña Beatriz de la Cueva, del obispo de Honduras don Cristóbal de Pedraza y de otras personas. Pasa a Gracias y Montejo le deja la gobernación a cambio de la de Chiapas y de la encomienda de Suchimilco. Alvarado siguió para Guatemala.

Alfonso Calero y Diego Machuca de Suazo exploran, cada uno por su lado, el territorio de Honduras, en las regiones que baña el río Yare o Segovia.

1542. — Muerto don Pedro de Alvarado, el virrey de México, creyéndose con facultades al efecto, nombra gobernador de Guatemala al licenciado don Alonso Maldonado, quien tomó posesión el 17 de mayo. Los colonos de Gracias se niegan a reconocer a Maldonado, y gobierna Honduras interinamente Diego García de Celis.

Por decreto de 20 de noviembre crea el rey la *Audiencia de los Confines*.

1543. — El adelantado don Francisco de Montejo se hace cargo, de nuevo, de la gobernación de Honduras, el 9 de abril.

El 3 de septiembre nombra el rey oidores al licenciado don Diego de Herrera, al licenciado don Pedro Ramírez de Quiñones y al licenciado don Juan Rogel. Por decreto de 13 del mismo, designa para asiento de la Audiencia a la ciudad de Comayagua, a la que le da el nombre de *Valladolid*, porque en esta fecha la Corte residía en la ciudad de este nombre en España. La suerte de Honduras habría sido otra si, en obedecimiento a este decreto, se hubiera establecido la Audiencia en Comayagua y no se la hubiera removido de allí.

1544. — El licenciado Maldonado viene a Honduras y cree preferible para asiento de la Audiencia, la ciudad de Gracias. Los oidores llegan a Comayagua y pasan a Gracias, donde la Audiencia se instala el 16 de mayo.

En este año estuvieron reunidos en esta ciudad los obispos don Francisco Marroquín, de Guatemala; don Antonio de Valdivieso, de Nicaragua; y don Cristóbal de Pedraza, de Honduras. También estuvo en Gracias el célebre defensor de los indios fray Bartolomé de las Casas.

1545. — Álvaro de Paz, teniente de gobernador, fue muy activo en el despacho de navíos de Puerto Caballos, lo que aumentó el número de los que visitaban el puerto. Por él remitió a España más de ciento cincuenta mil pesos de oro de minas.

1549. — Juan Pérez de Cabrera, nombrado gobernador de Veragua, es promovido, por indicación de la Audiencia de los Confines, a la gobernación de Honduras.

En este año la Audiencia se traslada a Guatemala.

1555. — En 25 de mayo, la Audiencia escribe al emperador que los obispados de Honduras y Nicaragua convenía se proveyeran, y en nadie mejor que en religiosos que sabían las lenguas.

1557. — Con fecha 20 de diciembre Comayagua obtiene el título de ciudad.

1561. — Trasladase a Comayagua la silla episcopal, que antes residía en Trujillo.

1564. — El licenciado don Alonso Ortiz de Elgueta, teniente de gobernador, hace una expedición al territorio entre el cabo Camarón y río San Juan, explorado, de orden suya, por el piloto Andrés Martín. Funda la ciudad de *Elgueta* a orillas de la laguna de Caratasca o Cartago, ciudad que el año siguiente fue trasladada treinta leguas al sur de la laguna, en tierra llana y rica de oro. Esta ciudad duró poco más de dos años.

1567. — Hernando Bermejo, en calidad de teniente de gobernador y visitador en las provincias de Higueras y Honduras, por el ilustre señor licenciado don Alonso Ortiz de Elgueta, ejerce en Agalteca jurisdicción.

Un año antes, ya se traía el azogue a Honduras para el beneficio de metales, y se vendía a 60 ducados, o sea $ 137.50 el quintal. Antes se hacía el beneficio solo por fuego.

1573. — D. Diego de Herrera, gobernador y alcalde mayor de Honduras, quien llegó en mayo a Trujillo, escribe con los oficiales de esta provincia, al Dr. Villalobos, presidente de la Audiencia, que se habían pasado con la caja y fundición a vivir a Comayagua, 30 leguas más la tierra adentro, de San Pedro, con ocasión de haberse descubierto unas minas, diez y siete leguas de Comayagua. Villalobos, que recibió la carta por agosto, les escribió que esa mudanza no se debiera hacer sin orden de S. M., y que la villa de San Pedro podía despoblarse y era necesario conservarla por estar diez leguas de Puerto Caballos, por si aquí venían enemigos en las naos. ¿Fue entonces que Comayagua se hizo capital de la provincia?

1576. — Alonso de Cáceres, alcalde mayor nombrado por el licenciado Alonso Ortiz de Elgueta, teniente general de las provincias de Higueras y Honduras, por el ilustre señor don Diego de Herrera, gobernador y justicia mayor de ellas por S. M., ejerce jurisdicción en Agalteca.

1578. — Alonso de Contreras Guevara sucede a don Diego de Herrera como gobernador. Fray Pedro Ortiz se queja en carta de Comayagua, fecha 15 de abril, de que no tuvo el mismo celo ni le otorgó el mismo favor que Herrera para ayudarle a establecer casas en que recibiesen doctrina los indios. Apenas había en la provincia de Tenco poblada una casa y monasterio de Nuestra Señora de la Merced y otra que en Comayagua pobló en 1577 Ortiz. Pero este confiaba en que había de poder más Dios que el diablo y procuraría poblar cuantas casas pudiera para que tuviesen doctrina los indios.

1579. — Los piratas toman y saquean Trujillo.

D. Diego de Herrera es nombrado jefe de las fuerzas que se levantaron para combatir al pirata Francisco Drake, que apareció por el sur.

Por este tiempo o un año antes, se descubrieron las minas de Tegucigalpa, y se nombró alcalde mayor de esta jurisdicción a D. Juan de la Cueva. Aunque no de un modo decisivo, se puede decir que en este momento se divide Honduras en dos provincias: la de Comayagua y la de Tegucigalpa.

———

II. Gobernadores de la provincia de Comayagua

1579. — D. Alonso de Contreras Guevara, que había entrado en 1578.

1589. — D. Rodrigo Ponce de León.

Por este tiempo se presentaron piratas en la costa norte.

1598. — D. Jerónimo Sánchez.

1602. — D. Jorge de Alvarado, nieto de D. Jorge, el hermano de D. Pedro de Alvarado.

Capitán D. Pedro de Castro.

1608. — D. Juan Guerra de Ayala. Este escribió al rey sometiéndole un plan para la conquista de la Taguzgalpa, desde el desaguadero hasta diez leguas del puerto de Trujillo. Dice Ayala que en la cordillera entre Segovia de Nicaragua y Olancho de Honduras, ambas provincias parten términos.

En 1611 Ayala facilitó auxilios a los misioneros Fr. Esteban Verdelete y Fr. Juan de Monteagudo que, con otros y una pequeña fuerza armada, emprendieron una expedición a la Taguzgalpa. La expedición fue desgraciada: los misioneros y la fuerza sucumbieron a manos de los indios.

Ayala tuvo un pleito con el obispo Fr. Gaspar de Andrada, y le mandó poner guardias en las puertas del palacio episcopal. Fue por ello procesado y enviado preso a Guatemala.

En el año de 1611 se perdió *Olancho el Viejo*, por haber hecho erupción dos volcanes en cuyas faldas estaba la ciudad. La mayor parte de los habitantes, atravesando las montañas, se dirigieron al occidente y fundaron *Olanchito*. Del resto, unos se establecieron en el sitio llamado *Ciudad Vieja* y otros se fueron a Nueva Segovia. Se refiere que los vecinos de Olancho el Viejo eran tan ricos que ponían a sus caballos herraduras de oro.

1620. — Capitán D. Juan de Miranda.

En esta época, Trujillo estaba en florecimiento. Sus vecinos, casi todos ellos andaluces y vizcaínos, eran muy laboriosos y acomodados. Muchas naves de España venían al puerto.

Miranda en 1621 auxilió a los frailes Cristóbal Martínez de la Puebla y Juan de Vaena para una expedición a la Taguzgalpa. Desembarcaron estos en el cabo Gracias a Dios y tuvieron en su misión la misma desgraciada suerte de los padres Verdelete y Monteagudo y compañeros.

1627. — Capitán D. Pedro del Rosal. En un memorial que este gobernador dirigió al rey en 1631, le dice que los límites de Taguzgalpa llegan al desaguadero.

1632. — D. Francisco Martínez de la Riva Montán Santander. Por palabras de desacato a la Audiencia, esta dispuso que fuese preso a Guatemala, y también lo apercibió por el modo como trataba al obispo y a los oficiales reales.

En 1634 Juan Martínez de Ferrera se quejó a la Audiencia, a nombre de Bartolomé de Escoto, manifestando que los jueces oficiales reales, los visitadores y el alcalde mayor solían sacar a los mineros del cerro de San Juan de Tegucigalpa, enviándolos presos a Comayagua por deudas contraídas en esta ciudad y en otras partes de donde sacaban los azogues. La Audiencia recomendó el cumplimiento de la real cédula de 12 de septiembre de 1590, que mandaba "que por ningunas deudas de ninguna cantidad ni calidad que fuesen no se sucediese hacer ni se hiciese ejecución en los esclavos y negros, herramientas, mantenimientos ni otras cosas necesarias para el proveimiento y labor de las minas de la provincia de Honduras y personas que trabajasen en ellas, no siendo las tales deudas a la Real Hacienda".

1640. — D. Francisco de Ávila y Lugo. Este fue acusado y penado por tratar con portugueses enemigos del rey de España.

Los corsarios invaden y saquean Trujillo.

D. Alonso de Silva Salazar.

1644. — D. Melchor Alonso Tamayo. Después que este retiró de Comayagua las fuerzas que de San Salvador y San Miguel iban en socorro de Trujillo, fue este puerto atacado por los enemigos, y lo defendió el vecindario, en cuyas manos quedó el botín.

1647. — Mariscal de campo D. Baltasar de la Cruz.

1650. — Juan de Suasa.

En 1660 el pirata llamado *El Olonés* invadió Honduras y saqueó e incendió San Pedro Sula.

1668. — Sargento mayor D. Juan Márquez Cabrera.

1673. — Don Pedro de Godoy Ponce de León.

1676. — D. Francisco de Castro Ayala. Fue a Puerto Caballos e hizo construir una plataforma para defensa del lugar.

Después se le procesó y remitió preso a Guatemala por habérsele sorprendido un contrabando con el buque "El Grifo Dorado".

1679. — Capitán D. Lorenzo Ramírez de Guzmán.

1682. — Licenciado D. Antonio Navia Bolaños, enviado por la Audiencia como visitador, y de gobernador y teniente de capitán general. En 1687 pasó a Nicaragua con igual carácter.

1688. — El padre don José Fernández funda las reducciones de San José de Guayma y de Nuestra Señora de Candelaria, en Yoro.

1689. — D. Sancho Ordóñez.

1693. — Capitán don Antonio de Oseguera y Quevedo, teniente de gobernador.

1698. — D. Antonio de Ayala. Este había sido alcalde mayor de Tegucigalpa.

1703. — El maestre de campo don Antonio de Monfort. Este fue apercibido por el presidente Zeballos en auto de 22 de septiembre del mismo año.

Ingleses y mosquitos invaden hasta Lemoa, cerca del Ulúa.

1712. — Don Enrique Logman. Fue apercibido por comerciar con enemigos, y se fugó del reino.

1717. — Oidor don José Redezno.

1719. — D. Diego Gutiérrez de Argüelles. Hizo retirarse una partida de zambos que, subiendo por el Chamelecón en tres piraguas el año siguiente, amenazaba caer sobre los pueblos de Jicamay y Candelaria. Poco después hubo un combate entre 500 zambos dirigidos por más de 200 ingleses y una pequeña fuerza española. Aunque esta resulto derrotada, el gobernador logró hacer que se retirasen los invasores.

1730. — D. Manuel de Castilla y Portugal.

En este año, zambos negros y xicaques, en número de 566 hombres, invadieron Olancho y Danlí, dirigidos por un inglés. Los primeros venían armados de fusiles y pistolas y los xicaques con flechas. Lleváronse de Olancho 40 vecinos, de los que devolvieron una mujer, rescatada por $ 200. Tomaron medidas para prevenir nuevas invasiones el gobernador Castilla y el alcalde mayor de Tegucigalpa, don Clemente de Arauz.

1738. — D. Francisco de Parga. Bajo el gobierno de este se concluyó el hermoso edificio de la Caja Real de Comayagua. En la piedra superior del portón se lee todavía la inscripción siguiente:

Reinado D. Felipe V el animoso y doña Isabel Farnesio, reyes católicos de las Españas y de las Indias, hicieron esta Caja Real sus oficiales reales, de orden del muy Ille. Sr. D. Pedro de Rivera Villalón, mariscal de campo de los Rs. Extos, gobernador y capitán general de este reino y presidente de la Real Audiencia de Guatemala siendo gobernador y capitán general de esta provincia del teniente coronel D. Francisco de Parga; se acabó año de 1741.

Del escudo que estaba encima solo se conservan las columnitas que contienen estas palabras: *Plus ultra.*

1744. — D. Tomás Hermenegildo de Arana. Este amparó a un minero en la posesión de una mina de plata en San Antonio de Opoteca. En este año se descubrieron las ricas minas de Yuscarán, llamadas *Quemazones y Guayabillas*, lo que hizo que Yuscarán se poblara de españoles rápidamente. Solo la mina de Guayabillas produjo, en un periodo de cincuenta años, doce millones de pesos en plata.

1744. — Oidor D. Fernando Álvarez de Castro, quien persiguió a Arana por comercio ilícito.

1745. — Don Luis Machado, gobernador interino.

1747. — El coronel D. Juan de Vera toma posesión de los cargos de gobernador y comandante general de Honduras; su jurisdicción, según la real cédula de 23 de agosto de 1745, abarcaba las provincias comprendidas en todo el obispado de Comayagua, la Alcaldía Mayor de Tegucigalpa y todos los territorios y costas que se extienden desde donde terminaba la jurisdicción del gobernador y capitán general de Yucatán hasta el cabo de Gracias a Dios. Murió a mediados del año.

1747. — D. Diego de Tablada.

1750. — D. Pedro Truco.

1751. — D. Pantaleón Ibáñez Cuevas. Fue procesado y estuvo preso en Guatemala.

1753. — En este año se comenzó por el presidente y capitán general del reino D. José de Vásquez Prego Montaos y Sotomayor, el castillo de San Fernando de Omoa, que se concluyó en 1776. En esta obra perecieron muchos vecinos de la provincia de Tegucigalpa, por el mal clima.

1757. — Teniente coronel D. Fulgencio García de Solís. Fue a Omoa en 1759, y falleció a su regreso.

1759. — Capitán D. Gabriel Franco.

1760. — D. José Sáenz Bahamonde.

1763. — Por el tratado de paz firmado en París, se obliga Inglaterra a destruir todas las fortificaciones que había hecho construir en las provincias españolas. El coronel de ingenieros, don Luis Díez de Navarro, recibió comisión para pasar a destruir las que tenían los ingleses en Black River o Río Tinto.

1770. — Por muerte de don José Sáenz Bahamonde, quedó en el mando de la Provincia el teniente de gobernador, don Juan Antonio González, quien lo ejerció hasta el 13 de mayo de este año en que tomó posesión el gobernador interino, coronel don Antonio Ferrandis, a quien nombró el presidente y capitán general de Guatemala, don Pedro de Salazar, con aprobación del rey.

En 14 de febrero del mismo año se libró provisional para que los oficiales reales de Comayagua hicieran dar cuentas a los albaceas del gobernador Sáenz Bahamonde y cubrir la Real Hacienda en los descubiertos que resultaran.

1774. — Teniente coronel don Bartolomé Pérez Quijano.

El 14 de octubre de este año hubo un terremoto que causó grandes ruinas en Comayagua. La Caja Real, uno de los edificios gravemente dañados, fue reparada diez años después.

1775. — Subteniente don Agustín Pérez Quijano, hijo del anterior. En 1779 fue electo corregidor del realejo y subtiava.

1780. — Barón de Riperdá, brigadier de Caballería de los Reales Ejércitos.

1783. — Sargento mayor de milicias, don Francisco Aybar. (Abril 7).

1783. — Brigadier don Juan Nepomuceno de Quesada.

1787. — El 14 de agosto en Real Junta Superior de Hacienda, presidida por don José Estachería, se determinó arreglar y establecer el ministerio de ella en el puerto de Trujillo y establecimientos de Roatán, cabo de Gracias a Dios y Blewfields, respectivos a la Intendencia de Comayagua, y nombrar un ministro de Real Hacienda, un interventor y un escribiente.

El 14 de noviembre se creó para la colonia de Río Tinto un teniente de ministro de Real Hacienda y un mozo que le ayudara. Fue nombrado don Juan Manuel Caval con el sueldo anual de 800 pesos y facultad de nombrar el mozo.

1788. — El coronel don Cayetano de Amunátegui se encarga de la gobernación por ausencia de Quesada.

––––––

III. Gobernadores intendentes

1788. — El brigadier don Juan Nepomuceno de Quesada, que en 1786 fue elegido gobernador intendente, presta el juramento de posesión de su nuevo cargo en Río Tinto el 26 de junio de 1787 ante el teniente coronel don Gabriel de Hervias, comandante interino del puerto y a virtud de comisión especial de la Audiencia, comisión que se dio porque el señor Quesada estaba desempeñando en aquella costa el encargo de desalojar a la nación británica del establecimiento de La Criba y de la ocupación de aquel terreno por S. M., su legítimo dueño.

Quesada, a su regreso en 1788, organizó la provincia conforme a la Ordenanza de Intendentes, y anexó a Comayagua la provincia de Tegucigalpa.

Fray Fernando de Cadiñanos, obispo de Honduras, visitó la diócesi a fines del mismo año, y levantó el censo de ella en 1791. En este dice, hablando del curato de Silca, que pasa por este partido un río llamado *Guayape*, en cuyas corrientes se halla oro en grano de veinte quilates, habiéndose llegado a encontrar pedazo de importe de cien pesos fuertes; y que no solo se encuentra en dicho río sino también en los más arroyuelos del mismo curato. Añade que los naturales lavaban las arenas del río en ciertos instrumentos, pero se dedicaban poco a este ejercicio, entre otras causas, por estar alistados en las tropas milicianas del puerto de Trujillo, a donde los obligaban a ir, de cuatro en cuatro meses.

El Guayape sigue hoy produciendo oro tan abundantemente como entonces.

1789. — Don Alejo García Conde.

1793. — Coronel de ingenieros, don Ramón de Anguiano, quien fue reelecto, hizo levantar el censo de la provincia en 1801, practicó una visita a su jurisdicción y pidió que se creara una semi audiencia en Comayagua.

1796. — Don Andrés Brillante, gobernador interino.

1797. — Don Francisco Ortiz, gobernador interino.

1803. — Oidor D. Antonio Norberto Serrano Polo, gobernador interino.

1810. — Dr. Don Carlos Castañón.

Don Eusebio Silva.

1812. — Don José María Piñol y Muñoz. En este año se agregó la provincia de Tegucigalpa de la de Comayagua, quedando subordinada solo en lo militar.

———

1815. — Brigadier don Juan Antonio de Tornos. El año siguiente reprodujeron los principales funcionarios de Comayagua, aunque sin éxito, la solicitud presentada desde 1806 sobre traslación de la capital de Honduras a Tegucigalpa.

1819. — Don José María Peinado.

1819. — Coronel don José Gregorio Tinoco de Contreras, condecorado con la cruz de Zaragoza y del Segundo Ejército. El 28 de septiembre de 1821, bajo el concepto de que el país se uniera a México, juró la independencia.

FIN

Erratas de copia y de imprenta

Página	Línea	Dice	Debe decir
4	16	causa de	parte a
62	3 y 4	Extendiéndose	entendiéndose
110	18	de indios: tributarios	de indios tributarios
124	33	Res	tres
140	2	Tarins	Tarrius
142	26	Conclíuda	concluida
142	33	Demarzo	de marzo
147	3	Conclíudo	concluido
165	18	y a las oscuridads	que a las oscuridades
186	14	Zubismendi	Zubimendi
241	25	Pue	que

CONTENIDO